CLARK DARLTON

LE CERCLE DES NEUF

Les Manuscrits d'Edward Derby

16

LES ÉDITIONS DE L'ŒIL DU SPHINX
36-42 rue de la Villette
75019 PARIS, France
www.œildusphinx.com
ods@œildusphinx.com

Le Code de la propriété intellectuelle n'autorisant, aux termes de l'article L. 122-5, 2° et 3°a), d'une part, que les " copies de reproductions strictement réservées à l'usage privé du copiste et non destinées à une utilisation collective " et, d'autre part, que les analyses et les courtes citations, dans un but d'exemple ou d'illustration, " toute représentation ou reproduction intégrale ou partielle faite sans le consentement de l'auteur ou de ses ayants droit ou ayants cause, est illicite " (art. L. 122-4). Toute représentation ou reproduction, par quelque procédé que ce soit, contribuerait donc à une contrefaçon sanctionnée par les articles L. 355-2 et suivants du Code de la propriété intellectuelle.

© 2016 LES ÉDITIONS DE L'ŒIL DU SPHINX
ISBN : 979-10-91506-52-6
EAN : 9 791 091 506 526
Collection Les Manuscrits d'Edward Derby N° 16
ISSN de la collection : 1623-1074
Dépôt Légal : Octobre 2016

Traduction Jean-Michel Archaimbault
Illustration de couverture : © Jean-Pierre Normand
Mise en page : André Savéant.

LE CERCLE DES NEUF

Clark Darlton

LES ÉDITIONS DE L'ŒIL DU SPHINX
36-42 rue de la Villette
75019 PARIS, France
www.œildusphinx.com
ods@œildusphinx.com

CLARK DARLTON : « LE CERCLE DES NEUF »

« *Die Neun Unbekannten* », Pabel Moewig Verlag,
première édition 1983
(9ᵉ des 24 volumes de la collection spéciale
Bestseller aus Raum und Zeit consacrée à Clark Darlton)

« Dédié à Jacques Bergier, qui a rencontré au moins l'un d'entre eux. »

PRÉFACE
Richard D. Nolane

Il y a quelques années de cela, ne lisant pas l'allemand, j'avais demandé à Jean-Michel Archaimbault d'avoir la gentillesse de me faire un petit résumé de l'histoire du roman que vous tenez aujourd'hui entre vos mains. Jean-Michel m'avait en effet intrigué en me disant que *Die neun Unbekannten*, publié sous le nom de Clark Darlton était différent du reste de l'œuvre de l'auteur et plutôt dans la lignée du *Jour où moururent les dieux*, signé, lui, Walter Ernsting. Preuve parmi d'autres, n'était-il pas dédié à Jacques Bergier… ?

L'affaire en serait sans doute restée là si après avoir une nouvelle fois reparlé de la chose entre nous, Jean-Michel n'avait décidé de prendre le taureau par les cornes pour proposer à Philippe Marlin de traduire ce roman « à part » pour l'OdS et d'utiliser les liens qu'il avait eu avec Walter Ernsting (décédé en 2005) pour obtenir de son fils l'autorisation de le faire.

Cette édition française lui doit donc tout pour sa partie littéraire (ceci sans parler des imposantes postfaces…) et ma seule participation se résume à avoir été quelque part la petite étincelle qui a mis le feu à une mèche très lente…

Comme des millions de lecteurs de par le monde, j'ai connu Clark Darlton grâce à *Perry Rhodan*, la célèbre série de SF populaire allemande qui vient de fêter ses 55 ans d'existence… ! C'était en 1969, alors que je découvrais à 14 ans en Afrique et avec émerveillement, la collection « Anticipation » du Fleuve Noir.

Sept ans plus tard, je rencontrai Clark Darlton en personne lors d'une convention de SF à Vienne, en Autriche, à l'occasion d'un arrêt imprévu de plusieurs jours sur le chemin de retour de l'Eurocon d'août 1976 à Poznań en Pologne. Il en était l'invité en compagnie d'Ernst Vlcek, un des piliers de *Perry Rhodan*, et c'est à cette occasion que j'ai compris la popularité impressionnante de cette saga cosmique en voyant les fans en action et, surtout, le nombre de produits dérivés déjà disponibles (je suis rentré en Provence avec des plans d'astronefs et de bases planétaires…) que nos deux auteurs dédicaçaient avec plaisir.

Mais je savais déjà que sous son vrai nom de Walter Ernsting, le co-créateur de *Perry Rhodan* était également passionné par la théorie dite des « Anciens-astronautes » défendue, entre autres, par son ami Erich von Däniken, le best-seller international du genre à l'époque. Qu'un des films inspirés par les écrits de von Däniken soit projeté à l'occasion de cette convention n'était sans doute pas un hasard. Toutefois il y avait fort à parier que cette information n'était guère connue des fans de *Perry Rhodan* venus, eux, rencontrer leur idole à Vienne pour tout autre chose… Car, par un mystère de l'édition, il fallait être à ce moment-là francophone pour savoir que Clark Darlton avait publié un roman « à la von Däniken » et, mieux encore, être en mesure de pouvoir le lire !

En effet, en octobre 1975, était paru dans la collection « Super-Fiction » de chez Albin-Michel *Le jour où moururent les dieux*, signé Walter Ernsting, et dont c'était la première édition mondiale[1]. Le roman y mettait en scène von Däniken et Ernsting dans une intrigue tournant donc autour de la fameuse question « et si les anciens dieux des hommes avaient été en réalité des extraterrestres venus les visiter dans le passé » ? Les liens entretenus par Ernsting avec Jacques Bergier depuis 1963 ne furent sans doute pas étrangers à cette « première mondiale » dans une collection co-dirigée par ce dernier avec Georges H. Gallet.

Donc, en cette fin d'été 1976 à Vienne, alors que le regretté Herbert W. Franke me résumait à l'oreille en anglais les dialogues en allemand du film inspiré par von Däniken et que Walter Ernsting était assis non loin de là dans la salle, je ne me doutais pas que quelques années plus tard, celui-ci ferait à nouveau un détour par l'Histoire secrète de l'Humanité… Et encore moins que j'aiderais un tout petit peu à ce que les Neuf Inconnus rejoignent quarante ans plus tard les Dieux Morts dans les bibliothèques francophones…

Enfin, force m'est de signaler l'existence d'un brillant exercice de style similaire réalisé une nouvelle fois par Jean-Michel Archaimbault, et toujours avec Walter Ernsting et Erich von Däniken comme personnages. Au sommaire de l'anthologie *Dimension Jimmy Guieu* parue en 2011 sous ma

---

[1] *La version allemande ne sortira, elle, qu'en 1979… après une édition américaine en décembre 1976… !*

direction chez Rivière Blanche[2], cette très longue nouvelle intitulée « Un sphinx pour Marcahuasi » est une « suite », pouvant se lire indépendamment, au roman *Mission « T »* (1963) de Jimmy Guieu sur le thème des dieux venus de l'espace en Amérique du Sud pré-colombienne. Aussi, si un jour un Dieu qui n'est pas encore mort permettait la réunion en un seul volume des deux romans de Walter Ernsting, « Un sphinx pour Marcahuasi » y aurait tout à fait sa place à leur suite en guise d'hommage inspiré…

Montauban, le 23 août 2016

---

[2] *http://riviereblanche.com/collection-fusee-f13-dimension-jimmy-guieu.html*

PREMIÈRE PARTIE

SIGNES ANNONCIATEURS

Si je confie aujourd'hui les notes qui suivent à une personne dont l'écriture est le métier habituel, c'est pour diverses raisons que le lecteur verra s'éclaircir seulement quand il refermera ce livre.

J'espère du moins qu'il en ressortira un livre, un roman. Il doit être possible de mettre de l'ordre dans mes notes et mes souvenirs, puis de leur donner une forme lisible. J'ignore moi-même à quel moment je verrai cet ouvrage devant moi, peut-être dans cinq ans, peut-être jamais. Cela dépend de multiples circonstances.

Tout a commencé il y a déjà assez longtemps, alors que je m'efforçais encore à grand-peine de gagner ma vie grâce à des articles de journaux et à divers comptes rendus. J'avais même produit quelques romans insignifiants. Mais, durant les années depuis lors écoulées, bien des choses ont évolué, dont les standards d'écriture et le style rédactionnel. C'est précisément l'un des motifs pour lesquels je remets mon manuscrit entre les mains d'un homme parfaitement rompu à toutes ces nouveautés littéraires et éditoriales.

Pour l'heure, revenons au point de départ : donc, il y a déjà assez longtemps.

Je n'étais alors pas très sûr de mon affaire. Néanmoins, si je ne me trompais pas du tout au tout, il y avait quelque chose qui, selon l'expression populaire, me hantait depuis des jours, voire même des semaines.

Du fait que je logeais à la périphérie d'un petit village de Bavière et que j'en connaissais les quelques habitants, il était très probable que je sois dans l'erreur. L'on voyait toujours les mêmes voitures et les mêmes personnes sans forcément avoir de contact avec celles-ci. Je ne m'y attachais pas non plus particulièrement, car je manquais trop de temps pour me permettre de gaspiller mes soirées libres en stériles discussions. Et pourtant, à l'époque, je n'avais rien d'un individualiste acharné.

La route qui passait devant ma maison prolongeait l'une des rues du village et se terminait au sommet de la montagne dont j'habitais sur le versant sud. Il ne fallait donc pas s'étonner de voir sans cesse de nouveaux véhicules étrangers conduire jusqu'ici des visiteurs venus du monde entier. La fenêtre de mon bureau ouvrait sur cette voie qui, excepté ce trafic, était peu empruntée, et je levais machinalement la tête pour regarder au-dehors à chaque fois que j'entendais le bruit d'un moteur.

À l'origine de l'histoire, il y a eu trois jours consécutifs durant lesquels j'ai remarqué qu'une Opel immatriculée à Munich venait stationner juste devant ma maison, à chaque fois pour une bonne demi-heure. Alors qu'à cet endroit, la route n'était pas large et n'offrait aucun point de vue digne d'intérêt.

D'abord, je ne m'en suis pas offusqué. Nombre d'étrangers arrivaient à s'égarer dans le village et demandaient leur chemin aux habitants. Là, le conducteur de l'Opel ne descendait cependant jamais pour questionner qui que ce fut. Il se contentait de rester assis au volant et de contempler le paysage, les yeux levés vers le massif du Watzmann, vers l'Untersberg et parfois, me semblait-il, il dirigeait le regard vers moi.

Le quatrième jour, j'ai attendu cette mystérieuse Opel, mais elle ne s'est pas montrée. En fait, jamais plus elle n'est revenue. Néanmoins, je n'ai pu m'empêcher de jeter par la fenêtre des coups d'œil bien plus fréquents à partir de ce moment – sans pourtant ne jamais repérer quoi que ce fut de nature à éveiller des soupçons.

C'est précisément à cette époque qu'un confrère de Vienne m'a envoyé un article au sujet des *men in black*, qui a de nouveau stimulé mon imagination. Nul ne savait si ces énigmatiques *hommes en noir* existaient réellement. Mais si Gerd avait raison, ils apparaissaient de façon systématique aux endroits où des décisions capitales étaient imminentes.

— Ça n'a pas le moindre sens ! m'a avisé mon ami Walter, de Salzbourg, lorsque je lui ai fait lire l'article. Ces hommes en noir existent seulement dans l'esprit tordu de quelques individus qui ne savent pas quoi faire de leur temps, à part inventer des histoires à dormir debout et les répandre de par le monde. Tu ne vas tout de même pas croire à un truc pareil !

— Non, bien sûr, me suis-je hâté de lui répondre avant de changer de sujet en lui racontant l'affaire de l'Opel.

J'ai conclu mon récit par une question :

— C'est bizarre, n'est-ce pas ?

— Ce peut être un pur hasard. Qui diable pourrait en avoir après toi ?

Moi aussi, je me le demandais.

Le lendemain, une Jaguar immatriculée en Suisse est venue se garer à l'endroit exact où avait stationné l'Opel, de l'autre côté de la route. Une jeune femme en est descendue et, avec une longue-vue, s'est mise à examiner le Watzmann dont le sommet se perdait dans les nuages. J'ai tout laissé en plan, ai dévalé l'escalier et me suis avancé jusqu'au coin de la maison, l'air enjoué.

Puis j'ai traversé la pelouse et, affichant un sourire innocent, je me suis approché de la dame qui se tenait à côté de sa voiture.

— Le spectacle est magnifique, n'est-ce pas ?

Comme surprise, elle a abaissé sa longue-vue.

— Tout à fait, a-t-elle répliqué sans une trace d'accent suisse. Sauf erreur de ma part, c'est bien le Watzmann ?

— Oui. Et si vous remontez un peu, vous aurez un panorama encore plus impressionnant.

— Ah bon ? Merci pour le conseil, je voulais justement prendre quelques photos.

Je lui ai adressé un signe de tête amical et m'en suis retourné dans le jardin. Avant même que j'aie contourné l'angle de la maison, elle s'était rassise au volant, avait rallumé le moteur et démarré.

Non point vers le sommet, mais en direction du village et de la route principale.

Je ne les ai plus revus. Ni elle, ni sa voiture.

Le lendemain, personne n'est venu admirer le paysage. Mais, à la nuit tombée, réveillé par un bruit de moteur, j'ai cédé à une impulsion irrationnelle, me suis levé et suis allé regarder par la fenêtre en écartant le rideau.

À l'endroit le plus étroit de la route, il y avait bien un véhicule arrêté, tous feux éteints. Seul le plafonnier brillait, sans permettre de distinguer le conducteur ni un quelconque passager. C'était doublement étrange de voir ici, en pleine nuit, stationner une voiture dont le moteur tournait toujours.

J'ai réprimé l'idée de m'habiller et de sortir. En outre, je n'ai rien d'un téméraire. Tout en regagnant mon lit, j'ai entendu le moteur monter en régime. Le véhicule repartait.

J'ai été incapable de me rendormir dans l'instant. Qui donc pouvait trouver intérêt à me hanter ainsi ? Mais je m'imaginais peut-être des choses insensées. Devais-je me rendre au poste de police ? Non… J'ai très vite chassé cette idée. Je n'avais que des soupçons, et pas la moindre preuve. On se moquerait de moi, et on me renverrait promptement dans mes foyers. Il y avait des soucis autrement plus importants, dans le secteur.

J'allais devoir éclaircir moi-même cette affaire. Je me demandais juste par quel bout la prendre. Sur ces cogitations infructueuses, je me suis rendormi.

Une semaine plus tard, j'avais oublié cette histoire. Il ne s'était plus rien produit de troublant. Par ailleurs, mes préparatifs de voyage m'accaparaient complètement. Je devais en effet me rendre à Rio de Janeiro pour un congrès, et je rêvais de l'Amérique du Sud depuis des lustres. Enfin, le rêve allait se réaliser.

Le vol s'est déroulé de façon tout à fait normale. Les conférences laissaient suffisamment de temps aux participants pour qu'ils découvrent le Brésil et ses habitants. Un bus spécialement affrété nous a emmenés visiter plusieurs *haciendas* assez distantes, nous a fait monter jusqu'au Corcovado, nous a conduits aux fameux jardins botaniques de Rio et à la plage de Copacabana. Nous avons pris le bateau jusqu'aux îles d'Hacuruca et de Jardin de Sorocaba, sur lesquelles nous avons eu l'impression d'avoir été transportés dans les mers du Sud.

J'affichais pour tout cela l'intérêt d'un touriste ordinaire. Mais mon état d'esprit a brusquement changé lorsque j'ai entendu parler du mont Gávea. Il se dresse au sud de Rio et j'avais sur lui une vue directe depuis la fenêtre de ma chambre, à l'hôtel *Nacional*. Pas besoin d'une imagination débridée pour constater que son sommet offre l'allure d'une tête de Viking, dont même les traits du visage et la barbe sont aisés à identifier.

— Le mont Gávea possède sa part d'étrangeté, m'a déclaré Sigi, l'un des participants au congrès qui, avec sa barbe rousse, ressemblait à l'un des conquérants venus du Nord.

Nous profitions alors d'un moment de détente et prenions un bain de soleil au bord de la piscine ronde sur la terrasse de l'hôtel.

— L'on raconte à son propos les histoires les plus bizarres, a continué mon confrère. Il y aurait sur son versant sud une porte de fer qui donne accès à l'intérieur de la montagne.

— Quelqu'un l'a déjà vue, cette porte ? ai-je fait d'un air incrédule.

— Oui. Mais elle se trouve au beau milieu d'une paroi lisse, parfaitement verticale, que personne n'a encore réussi à escalader.

— Ce sont des contes de bonne femme ! ai-je grommelé, sceptique, avant de boire une gorgée de bière. Quoi qu'il en soit, dès le premier jour, la « tête du Viking » m'a frappé. La Nature est vraiment le plus doué des sculpteurs !

— En des temps très lointains, le sommet a été façonné par des moyens artificiels, continua Sigi sur un ton convaincu. Ce que nous en voyons aujourd'hui, ce sont seulement les vestiges érodés par le vent et la pluie. Sais-tu ce que l'on dit ? Les chefs nazis disparus se cacheraient à l'intérieur du Gávea et y attendraient leur heure. Même Hitler serait là.

J'ai éclaté de rire et failli renverser ma bière.

— Par le ciel, y a-t-il un endroit au monde où on ne raconte pas de telles histoires ? Pense à l'Untersberg, près de Salzbourg. Là-bas, c'est l'empereur Charlemagne qui se préparerait pour la grande bataille décisive. Quoi qu'il en soit, c'est bizarre que toutes ces légendes tournent autour d'un rythme temporel ralenti, au cœur de la montagne. Qu'en penses-tu ?

— Il doit y avoir une bonne raison à cela, a approuvé Sigi avant de replonger dans le silence.

Plus tard dans la journée, je me suis posté à la fenêtre de ma chambre et ai contemplé le Gávea dont les contreforts orientaux s'avançaient loin dans la mer, telle une presqu'île rocheuse. Je regrettais de ne pas avoir de longue-vue ou de jumelles, mais je me suis rappelé que mon caméscope possédait un zoom très perfectionné qui ferait l'affaire.

Il m'a semblé apercevoir, juste en dessous du sommet aplani, une ligne de « régularités irrégulières » évoquant des inscriptions. Je n'avais aucune certitude, car le grossissement n'était pas assez fort et l'image manquait de netteté. J'ai décidé d'informer Sigi de cette observation.

Nous étions en train de commander notre dîner, et il s'est mis à opiner du chef.

— Eh bien, ça y est, tu as vu ! Demain, les autres s'envolent pour São Paulo, nous aurons donc un jour de liberté. Qu'en dirais-tu si nous essayions d'approcher le plus possible du sommet ?

— En faisant de l'escalade ? me suis-je inquiété. Par une telle chaleur ?

— Non, nous ne jouerons pas les alpinistes. Il y a des routes et des chemins.

Au matin suivant, j'ai glissé un peu d'argent dans l'une de mes poches et embarqué mon caméscope. Un taxi nous a emmenés au point le plus élevé de la route qui replongeait ensuite vers la vallée. Peu avare de paroles, le chauffeur nous a expliqué qu'il y avait un sentier dont le tracé se poursuivait vers le sommet. Puis il a fait demi-tour et est reparti vers Rio. J'ai juste noté qu'il hochait plusieurs fois la tête.

Notre marche nous a fait passer entre des buissons en pleine floraison peuplés par des nuées de colibris, des bananiers aux fruits encore verts et des fourrés dignes de la forêt vierge. Le chemin se rétrécissait sans cesse et s'est achevé au niveau d'un plateau. Une plate-forme de bois et un écriteau indiquaient que c'était le lieu de départ de ces deltaplanes que nous avions pu observer les jours précédents. Tels des condors géants, ils plongeaient vers la mer, se laissaient dériver loin au large puis incurvaient leur trajectoire pour venir se poser sur le rivage.

Le spectacle du mont Gávea maintenant tout proche était à couper le souffle.

Le front haut, les orbites profondes, le nez à l'arête quelque peu irrégulière, la bouche et la barbe juste en dessous, tout était net. J'ai allumé mon caméscope et filmé le visage de pierre en zoomant au maximum. Les inscriptions demeuraient hélas indistinctes, car elles se trouvaient dans l'ombre de la montagne, mais elles étaient bien là.

Sigi m'a raconté tout le reste de ce qu'il savait à propos du Gávea. Il semblait avoir creusé le sujet vraiment à fond. Certains détails m'ont paru relever de l'affabulation la plus débridée, mais d'autres m'ont donné à réfléchir. Les parallèles avec l'histoire de l'Untersberg, situé à plus d'un quart de la circonférence du globe, n'étaient pas à négliger.

— Nous devrions essayer de nous approcher davantage, a-t-il déclaré.

J'ai approuvé. Un autre chemin nous a amenés dans un secteur de jungle sèche qui séparait le pic lui-même du plateau constitué par ses contreforts. On nous avait averti de la présence de serpents, et cela nous rendait très prudents. Mais le sentier est vite devenu si étroit qu'on le distinguait à peine et qu'il était impossible de respecter la règle imposant de ne s'en écarter à aucun prix.

Il nous a fallu renoncer à aller plus loin.

Le lendemain, le groupe de São Paulo était de retour. Nous avons pris Éric à part pour lui relater notre aventure. L'amitié qui nous unissait, lui et moi, se basait sur des centres d'intérêt communs. C'était lui qui avait organisé ce congrès, axé sur le thème de l'archéologie – mais une archéologie tout à fait particulière, non conventionnelle, audacieuse, à qui l'on trouverait un jour une désignation nouvelle.

Aujourd'hui, je sais qu'il en a bien été ainsi.

— J'ai bien sûr entendu parler du Gávea, a indiqué Éric. Une fois, je suis même monté en hélicoptère jusqu'à son sommet aplani. Il n'y a pas grand-chose à voir là-haut, mais si on plonge le regard sur le plateau qui coiffe la montagne voisine, plus basse, on y aperçoit sept cercles concentriques dont nul ne sait qui les a creusés dans la roche, ni pourquoi. Ce sont des sillons que l'on a plus tard remplis de craie pour les rendre plus visibles. Et le Viking du Gávea a les yeux fixés dessus, comme par hasard…

Au lieu de réponses, nous étions face à une nouvelle énigme.

Par chance, Eduardo, qui vivait à Rio, a eu vent de notre curiosité vis-à-vis du Gávea. Le soir, il nous a rejoints et, après avoir passé un moment avec nous à observer les gens qui se baignaient dans la piscine, il s'est lancé.

— Je m'intéresse au Gávea et je collationne tout ce qui s'y rapporte depuis déjà dix ans. En fait, il y a partout dans le monde des montagnes à propos desquelles l'on raconte des choses similaires.

— Si on se préoccupe d'une seule d'entre elles, est-ce qu'on découvre aussi les mystères des autres ? ai-je demandé.

— En principe, oui. Moi, je me focalise sur le Gávea parce que je réside à proximité. Toi, tu habites au pied de l'Untersberg, que je connais par des livres et par divers courriers. Pourquoi ne t'attaquerais-tu pas au problème là-bas, tout près de chez toi ?

Je le lui ai promis, mais n'ai pu continuer à l'interroger, car d'autres participants au congrès s'étaient approchés avec leurs sièges et avaient amorcé une discussion centrée sur des sujets différents.

Pour moi, une chose avait définitivement cessé d'être simple théorie pour devenir une réalité oubliée par les hommes avec le temps : la Terre avait jadis connu une civilisation de haut niveau technologique. Ses traces avaient été brouillées, voire effacées, et les rares indices que l'on trouvait ne semblaient pas assez précis au regard de la science. Elle ne voulait ni ne pouvait accepter l'idée qu'il ait existé des peuples plus avancés et de niveau supérieur à ceux d'aujourd'hui. En fait, il lui manquait l'essentiel : l'imagination.

Durant mes loisirs et même dans mes activités professionnelles, cette problématique m'occupait sérieusement. Je lisais dès leur parution tous les livres qui traitaient de cette science nouvelle. La plupart des pistes m'avaient été fournies par *Le Matin des Magiciens*[3], de Louis Pauwels et

---

[3] Première publication française aux éditions Gallimard, en 1959. L'ouvrage est paru en langue allemande sous le titre *Aufbruch ins dritte Jahrhundert* (*Départ pour le Troisième Millénaire*) chez l'éditeur Scherz en 1962. (NdT)

Jacques Bergier, une mine inépuisable de connaissances oubliées. Bien avant la publication de ce livre, j'avais eu l'occasion de fréquenter Jacques, et plusieurs discussions approfondies dans son appartement parisien avaient éveillé en moi l'impression qu'il en savait bien plus que ce qu'il prétendait. En moi-même, je l'avais baptisé « le dernier alchimiste ».

J'avais également pu rencontrer Georges[4], son meilleur ami, et il me faut avouer que je lui dois beaucoup. Avant tout, il était plus ouvert que Jacques et m'avait livré nombre de précieux indices. Des indices qui, bientôt, allaient se révéler dans tout leur *réalisme fantastique*.

En entendant s'éteindre un moteur, sur la route juste devant chez moi, j'ai reposé mon livre et suis allé regarder par la fenêtre. Une voiture s'était arrêtée à l'endroit le moins large. Deux hommes, assis à l'intérieur, contemplaient le panorama avec une insistance appuyée. D'après le sens du véhicule, celui-ci venait d'en haut et n'avait donc pas fait halte au point de vue panoramique.

Vite déterminé, je suis sorti dans le jardin qu'un petit ruisseau sépare de la route. Selon moi, il ne devait rien avoir d'étonnant à ce que je vienne me promener sur mon propre terrain et observe les truites qui s'ébattaient dans l'eau claire.

À peine avais-je atteint le bord que le moteur a redémarré. La voiture, immatriculée à Nuremberg, s'est éloignée avant que j'aie pu détailler ses occupants.

Rageant contre moi-même, je suis rentré dans la maison. N'avais-je rien de mieux à faire que de suspecter d'innocents touristes pour l'unique raison qu'ils s'arrêtaient devant chez moi afin de profiter du paysage ?

---

[4] Il s'agit manifestement de Georges H. Gallet. (NdT)

Incapable de reprendre ma lecture, j'ai levé les yeux vers l'Untersberg. Une de mes connaissances avait publié, dans le journal local, un article qui mentionnait mon intérêt pour ce massif montagneux et ma recherche d'éventuels témoignages en rapport avec lui. Un exemple avait même été ajouté, afin de tirer de leur réserve des gens qui auraient eu des choses à raconter. C'était une histoire dont la véracité ne faisait pas l'ombre d'un doute même si, en substance, elle coïncidait de façon bizarre avec le contenu de récits anciens.

Quelques années plus tôt, un couple originaire du nord de l'Allemagne s'était installé en villégiature dans un petit bourg au pied de la montagne. Durant l'une de leurs promenades quotidiennes, ils avaient atteint l'entrée d'une des innombrables grottes et s'étaient aventurés à l'intérieur. Au bout de plusieurs heures, la femme s'était rendue au poste de police pour déclarer qu'elle avait perdu son mari dans la caverne. Il fallait donc partir à sa recherche et le ramener. L'opération lancée par la police et la gendarmerie de montagne n'avait donné aucun résultat. L'homme avait bel et bien disparu.

Une semaine plus tard, il avait resurgi dans le village, assurant à son épouse littéralement transfigurée de joie et aux policiers qu'il n'avait pas séjourné plus d'une heure et demie ou deux heures dans la grotte. Affirmation attestée par son visage encore rasé de frais et son appétit tout à fait normal.

Un cas de ralentissement temporel ?

Les légendes d'autrefois mentionnaient déjà des phénomènes de ce genre. Mais là, il s'agissait d'un événement bien actuel. Mes tentatives d'en apprendre davantage se sont hélas soldées par un échec. La police ne savait rien, la gendarmerie de montagne se taisait, et il était impossible de retrouver trace du couple.

L'article du journal local n'a rien apporté rien lui non plus. Seuls un homme âgé et une dame ont pris contact avec moi, sans rien me livrer de nouveau. L'histoire de ce dentiste de la région de Berchtesgaden qui, de temps à autre, se volatilisait durant une semaine dans le secteur de l'Untersberg puis réapparaissait comme s'il n'était parti que quelques heures, m'a semblée sujette à caution. L'une de ses connaissances, qui s'était lancée sur ses traces afin d'en apprendre davantage, avait patienté jusqu'à l'épuisement et ne l'avait plus jamais revu.

J'ai abandonné.

Quel rapport y a-t-il entre l'Untersberg et ces gens qui viennent s'arrêter en face de chez moi ? me demandais-je avec agacement. *Ou quel lien avec le Gávea ?*

Aucun !

Puis il s'est produit un événement qui a balayé tous mes doutes et fait prendre à mon existence un tournant décisif.

Une maison d'édition m'avait invité à une conférence de la rédaction, et je me suis mis en route pour Munich. En fin d'après-midi, un taxi m'a emmené jusqu'à l'hôtel. Et il ne m'a pas fallu plus d'un instant pour me rendre compte qu'un deuxième taxi nous suivait.

Comme dans un film d'espionnage…

Le second véhicule s'est lui aussi arrêté alors que je descendais devant l'hôtel. Depuis la réception, tout en récupérant ma clef de chambre, j'ai regardé au-dehors. Le passager de l'autre taxi restait assis. Il portait un costume sombre et un chapeau de feutre.

J'ai souvent du mal à mémoriser les noms, mais ce n'est pas le cas pour les physionomies. Je n'oublierai pas de sitôt le visage de l'homme qui m'avait suivi.

J'avais eu dans l'idée d'aller au cinéma, mais j'ai plutôt opté pour prendre quelques verres au bar de l'hôtel. Il y avait du monde et j'ai eu des difficultés à trouver une petite table libre, dans un recoin depuis lequel j'aurais une bonne vue d'ensemble sur la salle. J'ai passé commande et me suis confortablement calé dans le fauteuil pour observer la clientèle. L'homme du taxi m'était sorti de l'esprit depuis un bon moment.

À la table voisine, un monsieur d'âge mûr vêtu avec recherche discutait d'un air à la fois amical et condescendant avec sa jolie compagne, bien plus jeune. De toute évidence, c'était un homme d'affaires soucieux de faire comprendre à sa secrétaire l'importance extrême de continuer la soirée par la dictée du courrier dans la chambre qu'il occupait. Un peu plus loin, un représentant faisait ses comptes de la journée en buvant de l'eau minérale. Au bar, deux dames attendaient quelqu'un.

Ma boisson m'a été servie, et j'ai eu un instant de distraction.

Lorsque j'ai relevé les yeux, il était là, debout près de ma table.

L'homme du taxi.

Le chapeau à la main, il souriait d'un air courtois et m'a demandé :

— Puis-je m'asseoir avec vous ?

J'étais tellement surpris que j'ai seulement pu acquiescer d'un signe de tête. Il a pris place dans le second fauteuil, posa son couvre-chef sur le large dossier et s'est mis à me regarder, toujours souriant.

Une demi-douzaine d'hypothèses, toutes plus folles les unes que les autres, me sont venues à l'esprit. Ce n'était évidemment pas un hasard s'il m'avait suivi et rejoint à ma table. La question était maintenant de savoir s'il avait ou non un rapport avec les autres personnes dont je croyais qu'elles m'observaient en secret.

— Votre supposition est fondée, a-t-il soudain dit comme s'il avait lu dans mes pensées. Il y a déjà quelques années que nous avons décidé d'entrer en contact avec vous. C'est le moment.

J'ai vu revenir le garçon et gagné un temps de réflexion pendant que l'homme commandait un verre de vin. J'en ai profité pour étudier son visage. Il avait un teint bronzé et un air de bonne santé, comme s'il était tout juste rentré d'un séjour au soleil du sud. S'il n'avait pas parlé un allemand aussi parfait, je l'aurais volontiers cru originaire d'Amérique latine. Des fils d'argent sillonnaient sa chevelure sombre, et il devait avoir dans les cinquante ans.

— Qu'entendez-vous par ce « nous » ? lui ai-je demandé sitôt le serveur reparti.

— Je ne suis pas habilité à vous donner des détails dès aujourd'hui, mais soyez assuré que nous sommes de vos amis. C'est notre premier contact avec vous, mais il y en aura d'autres. Vos écrits ont attiré notre attention sur vous, tout autant que vos relations avec des personnes d'une catégorie très particulière.

Je l'ai fixé comme si ses traits pouvaient m'en révéler davantage que ses paroles.

— Qui êtes-vous ? me suis-je enquis, tout en étant certain qu'il ne me le dirait pas.

Son expression n'a pas changé d'un iota.

— Juste l'un de ceux dont vous ferez plus tard la connaissance. Vous devez me faire confiance, même si nous en savons plus sur vous que l'inverse. En premier lieu, je dois vous priez de garder un silence absolu sur notre rencontre. N'en parlez pas même à vos amis les plus proches. Continuez à vivre comme avant, propa gez vos théories et vos conjectures dans des articles et des publications comme vous l'avez fait jusqu'à maintenant, fréquentez toujours les gens que vous avez l'habitude de côtoyer. Et n'oubliez jamais que seul l'impartial qui ne cesse de chercher peut s'approcher du but en toute objectivité.

J'avais mille questions sur la langue, mais il eût été vain de les poser. L'homme ne me disait que ce qu'il avait à me dire, mais je n'y comprenais rien. Je me suis soudain rappelé Jacques qui, en 1937, avait été en contact avec un étranger qu'il tenait pour le mystérieux Fulcanelli[5].

Mon vis-à-vis a saisi son chapeau et s'est levé.

— À partir de maintenant, vous ne remarquerez plus personne qui vous observe. Nous nous reverrons dans un an. Considérez cette année comme la dernière épreuve et ne changez en rien vos habitudes. En outre, vous avez raison : rien n'est plus fantastique que la réalité. Bien le bonsoir !

Il s'est éloigné sans un regard en arrière. Je n'ai pu que le suivre des yeux, figé sur place, jusqu'à ce que le charme se rompe. Je me suis hâté de vider mon verre, ai signé l'addition et me suis précipité à la réception. Mon espoir d'apercevoir une fois encore l'étranger est demeuré vain. Il avait déjà quitté l'hôtel.

Comme dans un état second, j'ai regagné ma chambre, mais il m'a fallu un long moment avant de m'endormir. J'ai fait des rêves, dont aucun ne m'a apporté de réponse à mes innombrables questions. L'apaisement m'est venu seulement le lendemain quand, assis dans le train, j'ai vu se profiler au loin les montagnes.

---

[5] Auteur des ouvrages *Le Mystère des Cathédrales* et *Les Demeures Philosophales*, peut-être le seul et dernier des alchimistes véritables – voir *Le Matin des Magiciens*. (NdT)

Certes, le hasard avait toujours joué un rôle très spécial dans mon existence jusqu'alors. Mais je me demandais souvent si tel ou tel événement qui avait changé le cours de ma vie procédait de lui ou du destin. Je n'avais évidemment jamais trouvé la réponse, même s'il y avait souvent des instants durant lesquels j'avais l'impression très forte de tout savoir. Pourtant, à peine ces illuminations m'éclairaient-elles que tout redevenait comme avant. Chacun connaît davantage de tels moments d'*omniscience* dans sa jeunesse qu'en prenant de l'âge.

C'était une succession de hasards qui m'avait fait survivre à la guerre, et même à mes cinq ans en Sibérie. Voilà pourquoi je m'étais mis à y croire, mais pas trop tout de même.

De retour de Munich, je me suis plongé plus que jamais dans ma bibliothèque. Je suis tombé sur des choses auxquelles je n'avais pas jusqu'alors prêté d'attention. Ma recherche était davantage focalisée, davantage orientée sur un objectif particulier.

À intervalles réguliers, Walter venait de Salzbourg pour me rendre visite, déjà parce que nous travaillions en étroite collaboration. C'était par ailleurs lui qui me livrait de précieux indices, sans même le supposer. En voyant sur mon bureau tous les livres et les feuillets de notes qui y trônaient, il s'est étonné.

— Sciences marginales… Sciences secrètes… À quoi rime tout ça ?

— Je m'y intéresse, bien sûr de façon secondaire.

Il a examiné les divers titres.

— Il y a là d'excellentes choses. Tu comptes écrire des articles à ce propos ?

— C'est un peu ça, lui ai-je avoué. Voilà pourquoi j'ai besoin de sources.

— Tout à fait mon avis ! Je pourrais peut-être t'aider.

— Naturellement, vu ta mémoire phénoménale ! J'ai déjà recensé une tonne de questions à traiter, et j'économiserais beaucoup de temps en sachant directement où dénicher des indices aux bons endroits des bons bouquins. Par exemple, dans la catégorie « Montagnes ». Sur certaines d'entre elles, il court des légendes orientées dans une direction bien particulière, nous en avons déjà parlé. Ces histoires doivent bien avoir leurs raisons, n'est-ce pas ?

Walter m'a fixé en haussant les sourcils.

— Toute légende a sa source dans un événement oublié. Tu penses à l'Untersberg ?

— Oui, en premier lieu, puisqu'il est pour ainsi dire à ma porte. Mais quel que soit le coin du monde où on regarde, il y a au moins une de ces montagnes sur lesquelles on raconte des choses similaires. Et je voudrais bien trouver pourquoi !

À ce moment, j'ignorais encore ce qui me poussait à associer des montagnes et leurs légendes avec l'inconnu rencontré à Munich. Mais j'allais bientôt apprendre que l'intuition dépassait le simple hasard.

Walter a interrompu le fil de mes réflexions.

— Je suis au courant de presque tout ce qui se raconte au sujet de l'Untersberg. En fait, c'est à peu près toujours le même problème : des gens disparaissent dans ses grottes et, quand ils resurgissent au grand jour, ils trouvent complètement changé l'environnement qui leur était familier. Car de nombreuses années se sont écoulées, parfois même des générations entières. Ils prétendent pourtant n'être restés que très peu de temps à l'intérieur de la montagne dont, au demeurant, la plus grande partie est truffée de cavernes. On n'en connaît d'ailleurs qu'à peu près deux cent cinquante.

— J'en ai visité quelques-unes, mais je n'ai rien remarqué.

— Les dilatations temporelles se produisent rarement et de façon sporadique.

— Je vais essayer de penser de façon rationnelle et factuelle, ai-je fait pour ramener Walter à ma prétendue réalité. Sans toutefois exclure complètement les perspectives extraordinaires. Comment les dilatations temporelles dont tu parles peuvent-elles survenir, sachant que la science ne les rejette certes pas, mais qu'elle les estime possibles uniquement en termes relativistes ?

Mon scepticisme visible n'était que pur calcul et contredisait ma conviction profonde. Mais c'était là mon seul moyen pour m'approcher de la vérité. Si Walter tirait les mêmes conclusions que moi, alors j'aurais progressé d'un pas.

— Tu fais preuve d'une belle imagination dans tes articles, a-t-il dit. Ne peux-tu vraiment pas concevoir qu'en des points précis de la surface terrestre, des lignes dimensionnelles se coupent et engendrent des phénomènes pour lesquels on n'a aucune explication rationnelle ? Songe ne serait-ce qu'au Triangle des Bermudes…

— Mais c'est une pure élucubration ! l'ai-je provoqué. Qu'est-ce que ça pourrait avoir en commun avec l'Untersberg ?

— Autant que le Mont Shasta, au nord de la Californie, ou le Gávea près de Rio. Ne fais pas le malin, tu y as déjà pensé.

Il m'avait percé à jour. Peut-être allions-nous, ensemble, arriver plus vite au but.

— Bien sûr que j'y ai pensé ! Et il y a d'autres endroits de par le monde qui me donnent à réfléchir. Sauf qu'on a déjà écrit beaucoup trop de choses à leur sujet. Personne ne prend ça au sérieux. C'est un peu comme avec les OVNI.

— Moi, je les prends au sérieux, a répliqué Walter. Même si c'est avec quelques réserves et une bonne dose de circonspection. Je crois qu'il faut toujours s'efforcer de trouver le noyau dur, la raison cachée. La vérité, en un mot. La science conservatrice n'y est d'aucune utilité, car elle a trop peu d'imagination. En outre, sa réputation est en jeu, c'est ce que prétendent tous ses représentants. Toi, en tant que vulgarisateur, tu peux provoquer sans courir le moindre risque.

Provoquer sans courir de risque ? La rencontre avec l'inconnu, à Munich, m'avait *a priori* prouvé le contraire.

— Tu as gagné ! ai-je enfin déclaré. J'ai ici tous les livres qui abordent le sujet. Je te serais reconnaissant de me soulager la tâche en les parcourant à nouveau et en marquant les passages qui sont importants pour moi.

Walter a jeté un regard sur la pile de bouquins.

— Je les ai pratiquement tous chez moi. Dans une semaine, je t'envoie le relevé des titres et des pages intéressantes dans chacun d'entre eux.

Il m'a lentement dévisagé, l'air songeur.

— Et à part ça, rien de neuf ?

J'ai eu du mal à lui répondre sans sourciller.

— Non, Walter, rien de neuf…

Vers la fin de l'été, j'ai reçu une invitation pour la Californie et, n'ayant pas grand-chose à faire, je l'ai acceptée. Je n'avais pas revu depuis plusieurs années les amis que j'avais là-bas. La première semaine a été remplie par les excursions et visites touristiques d'usage. L'on m'a traîné à Disneyland, l'on m'a montré Hollywood et, pour finir, l'on m'a à moitié fait mourir de soif dans la vieille ville fantôme de Calico où, en accompagnement d'un steak grillé à la perfection, il n'y avait à boire que du Coca Cola ou du jus de pomme. C'est seulement lorsqu'ont enfin commencé les journées de vrai repos que je me suis rappelé le conseil donné par Peter, le Viennois.

— N'oublie pas d'aller jeter un œil sur le Mont Shasta, tant que tu seras dans la région. On raconte sur lui des choses bien étranges…

J'ai consulté une carte et vu que le sommet en question se trouvait à environ mille kilomètres de Los Angeles, à vol d'oiseau. Par la route, il était encore plus loin. Il se situait en fait à une bonne cinquantaine de kilomètres de la frontière avec l'Oregon.

Durant le dîner, j'ai abordé le sujet sur la pointe des pieds et lâché plusieurs remarques qui ont conduit Joe, mon hôte, à formuler une proposition absolument royale.

— Je pourrais m'accorder quelques jours de congé, car Malibu saura bien se passer de moi. Nous prenons la voiture, et en route pour Sacramento. Ça fait à peu près cinq cents kilomètres, donc à peu près une journée, et ce sera pour toi l'occasion de voir plein de choses de ce bon vieux Far West. Nous dormirons à Sacramento puis nous repartirons pour notre balade. Qu'est-ce qui t'a précisément amené à mentionner le Mont Shasta ?

— J'ai lu des articles qui en parlaient, ai-je éludé.

Joe s'est mis à rire.

— Tu te serais mis à croire à ces absurdités, toi aussi ?

— Je m'intéresse à tout ce qui est mystérieux et inexpliqué.

Joe a opiné du chef et m'a indiqué la carte.

— Ce qui est bizarre, c'est que le Mont Shasta n'est pas unique, mais qu'il y en a au minimum cinq. As-tu une idée de celui auquel tu penses ?

Je n'ai pas dissimulé ma déception.

— Cinq sommets qui portent le même nom ? Ils sont loin les uns des autres ?

— Non. Tous se situent dans la réserve des Shasta, et ce sont les pics les plus élevés de ce qu'on appelle la chaîne des Shasta[6]. Mais je suppose que tu parles plutôt de l'*autre* Mont Shasta, qui se dresse en solitaire à cinquante kilomètres plus à l'est sur le haut plateau. C'est un volcan éteint qui culmine aux alentours de quatre mille trois cents mètres.

— Ça doit être lui ! me suis-je exclamé, pour aussitôt modérer mon enthousiasme. Et si ce n'est pas le cas, eh bien, ça me fera au moins voir du pays.

Joe a affiché un large sourire et tapoté sur la carte avec sa fourchette.

— Alors, en route pour le Shasta, et basta !

Sa décision était prise.

Nous avons atteint la réserve dans la matinée du troisième jour. Deux fois, nous avions dû nous arrêter pour la nuit. Une fois arrivés à destination, nous aurions eu bien du mal à deviner que la région se trouvait à plus de mille mètres au-dessus du niveau de la mer. Le Mont Shasta proprement dit se dressait à l'est, et son sommet était encapuchonné de nuages. À l'ouest s'étirait la chaîne des Shasta, à peine plus, du moins en apparence, qu'une série de collines serrées les unes contre les autres et dont une sur deux était baptisée Shasta.

Nous avons quitté la route fédérale pour prendre une voie bétonnée qui filait en droite ligne vers l'est. Au bout de quelques kilomètres, le béton a cédé la place à de l'argile durcie. Même si Joe conduisait lentement, nous soulevions derrière nous un épais nuage de poussière.

---

[6] Également appelée chaîne des Cascades. (NdT)

— Il n'y a pas grand monde qui s'aventure par ici, a déclaré mon ami en pointant le doigt droit devant lui. Ils ont la trouille de la montagne.

— Qu'est-ce qu'on en dit, au juste ? Je me rappelle quelques articles, mais il ne faut pas tout gober sans réfléchir.

— J'en sais assez peu. Il paraît qu'une route étroite grimpe jusqu'à mi-sommet, peut-être qu'elle a été prolongée. En haut, il y a toujours des nuages.

— Ça n'a rien d'extraordinaire.

— Bien sûr que non, mais les gens racontent qu'il est impossible de monter jusqu'au bout. Quelque chose empêche d'avancer. Ce sont des histoires, je crois bien. À notre époque…

Joe exerçait les fonctions de shérif, à Malibu, avec toute la rationalité froide qui sied à un policier.

— Nous verrons bien, ai-je dit, espérant en moi-même pouvoir le déstabiliser quelque peu.

Le soleil se tenait sur notre droite, baignant de ses rayons la couronne nuageuse qui nous masquait totalement le sommet. Le terrain avait pris une pente de plus en plus marquée et nous avons bientôt atteint le pied de la montagne. Joe a rangé le véhicule sur un petit parking parmi une poignée d'arbres, et coupé le moteur.

— Une pause ne nous fera pas de mal. Il y a des sandwiches et des bières bien fraîches dans le coffre.

Tout en mangeant et en étanchant notre soif, j'ai repensé à tout ce que j'avais lu au sujet du Mont Shasta. La mythologie indienne le mentionnait déjà comme un refuge devant la montée des eaux résultant du Déluge. Un individu dénommé Coyote aurait alors trouvé asile sur le sommet en emportant avec lui un tonneau de braises. Et lorsque les eaux avaient baissé, il était redescendu dans la plaine avec le feu qu'il avait sauvé, offrant aux survivants de quoi faire naître une nouvelle civilisation. Puis, tout au long des générations futures, les histoires bizarres n'avaient jamais cessé de circuler. Elles parlaient d'habitants du ciel qui vivraient sur ou dans la montagne, parfois même de vaisseaux aériens qui faisaient de temps à autre des apparitions furtives. Et d'aucuns, plus récemment, disaient y avoir observé des OVNI.

Tout comme les légendes, les mythologies ont toujours un fond de vérité, une base solide bien enfouie dans le passé et dans l'oubli. Il ne subsiste que la tradition rapportée, avec la distorsion et la symbolisation induites au cours des millénaires. Les faits et témoignages matériels sont tout autres. En principe, ils permettent de remonter jusqu'à leur origine.

Au milieu du XIXe siècle, des chercheurs d'or parlaient fréquemment d'un phénomène lumineux de très forte intensité qu'ils avaient observé au voisinage immédiat du Mont Shasta. Il n'y avait assurément pas encore l'électricité dans des régions aussi reculées, et des aventuriers aussi aguerris que ces pionniers de l'Ouest auraient su reconnaître un feu de camp ou un incendie de forêt.

En 1931, près de cent ans plus tard, un tel fléau avait ravagé les flancs du Mont Shasta et s'était propagé vers le sommet jusqu'à ce qu'il atteigne le couvercle de nuages. Là, sans aucune raison identifiable, les flammes étaient brusquement mortes. Et, bien des années après, l'on pouvait nettement distinguer la limite ainsi engendrée, aussi rectiligne que si elle avait été tracée au cordeau.

Vers 1939, un journal californien avait publié un article consacré aux prétendus mystères du Mont Shasta. Il s'agissait d'une de ces broderies pseudo-scientifiques que l'on lit avec le plus vif intérêt sans en croire un traître mot. Le papier donnait la parole à des habitants de la réserve de Shasta qui affirmaient l'existence d'un peuplement inconnu, sur ou dans la montagne, datant des temps anciens et peut-être même descendant de son fondateur, Coyote.

Parfois, racontaient les gens, l'on rencontrait l'un de ces hommes mystérieux. Vêtus de longs habits blancs, leur chevelure abondante enserrée par un bandeau, ils échangeaient diverses marchandises contre des pièces d'or. Toute tentative de les suivre s'avérait vaine.

L'on disait aussi qu'à travers la coiffe de nuages éternels enveloppant le sommet, l'on apercevait souvent des reflets dorés. Et un vieillard assurait dur comme fer qu'un jour, des années plus tôt, il était tombé en pleine forêt sur un inconnu encapuchonné dont le front était barré d'une sorte de cicatrice ou peut-être même d'un troisième œil fermé.

— Tu n'es pas bavard, m'a soudain lancé Joe, m'arrachant à mes pensées. Qu'as-tu donc ?

J'ai décidé de lâcher le morceau et lui ai déballé le plus en détail possible tout ce que j'avais pu apprendre de mes lectures à propos du Mont Shasta. Il s'est à moitié étouffé de rire puis a déclaré :

— Bon, d'accord… Vu ton métier, tu ne survivrais pas si tu n'avais pas d'imagination. Mais tu ne crois tout de même pas à toutes ces sornettes, hein ?

— Bien sûr que non, me suis-je empressé d'affirmer. Même si je trouve tout ça diablement intéressant. Et c'est pourquoi je tenais à venir ici. Au fait, démarre donc enfin ton moulin, nous avons assez gaspillé de temps.

Très sceptique, il a balayé du regard le chemin qui grimpait en sinuant au flanc de la montagne.

— J'espère que la voiture arrivera à monter. Elle n'est pas de première jeunesse…

— Nous n'aurons qu'à nous arrêter quand ça deviendra trop raide, ai-je proposé.

Tout s'est très bien passé sur les cent premiers mètres. Les nids de poule se succédaient, mais Joe roulait lentement et les évitait avec prudence. La forêt jadis brûlée par l'incendie avait repoussé, même si l'on apercevait çà et là des moignons de troncs calcinés au milieu de la verdure.

Joe a fait halte à un endroit où la jeune végétation se clairsemait quelque peu en contrebas.

— Le moteur doit refroidir, sinon l'eau va bientôt bouillir.

Je ne pouvais qu'être d'accord, et je suis descendu du véhicule. La température avait nettement baissé, même si nous avions juste passé midi. Nous étions assez haut au-dessus de la plaine. Un coup d'œil vers le sommet m'a indiqué que la limite de la coiffe nuageuse était encore à cinq cents mètres. C'était comme si le Mont Shasta portait un de ces casques d'invisibilité dont parlent certaines vieilles légendes.

Je ne sais pourquoi, à cet instant précis, j'ai eu une pensée pour l'étranger qui, à Munich, était venu s'asseoir à ma table au bar de l'hôtel et m'avait dit des choses bizarres. Il n'y avait pas le moindre rapport entre lui et le Mont Shasta.

Joe, qui ne se séparait jamais de son revolver de service, en a vérifié le barillet et noté que cela ne m'avait pas échappé.

— Tu vois, c'est sacrément isolé, par ici, a-t-il grimacé. Vous autres, en Europe, je crois que vous êtes loin d'avoir une expérience des vagabonds aussi désagréable que la nôtre.

— Il n'y a pas âme qui vive, à part nous deux, lui ai-je renvoyé. On peut repartir ?

Il a acquiescé.

— La machine a suffisamment refroidi. On verra bien jusqu'où on ira.

Nous avons encore gravi environ deux cents mètres de dénivelé, puis le moteur s'est arrêté brutalement sans crier gare. Joe a eu la présence d'esprit d'immobiliser la voiture juste avant qu'elle ne se mette à redescendre. Avec précaution, il a légèrement reculé pour la ranger sur le bord du chemin.

— On n'a plus de gas oil ? me suis-je renseigné, un peu inquiet.

— On a refait le plein à Red Bluff, il doit en rester encore la moitié. Il y a de l'électricité, mais le démarreur ne veut rien savoir.

Joe a testé le préchauffage, qui fonctionnait normalement. C'était l'allumage proprement dit qui ne répondait pas. Pourtant, un rapide examen nous a révélé que tous les fils et connexions étaient intacts.

— C'est bon, a conclu Joe en abandonnant la partie. On va faire faire demi-tour à notre carrosse, tout simplement, et on redescendra en roue libre. On croisera peut-être quelques campeurs…

Je l'ai regardé sans vraiment le voir. L'idée d'abandonner aussi près du but ne m'enchantait guère.

— Poursuivons un peu à pied, ai-je proposé. Vers le sommet.

Il a réfléchi un instant, consulté sa montre et acquiescé.

— D'accord, une petite promenade ne peut pas faire de mal, a-t-il concédé en frottant son ventre plus que proéminent. À moi le premier, comme le pense surtout Ingrid, ma chère et fidèle épouse.

Il a refermé les portières, et nous nous sommes attaqués à la montée. Lentement, car rien ne nous pressait. Même si, une fois redescendus, nous ne rencontrions personne au pied de la montagne, ce ne serait pas une catastrophe. Nous pouvions dormir tout à fait à notre aise dans la voiture, suffisamment spacieuse, si la nuit tombait trop tôt. Nous chercherions l'anomalie le lendemain matin, et nous la règlerions.

Avec l'altitude, la forêt de repousse était de plus en plus clairsemée. Il n'y avait plus de troncs calcinés. Peu après, les arbres d'une hauteur nettement plus importante nous ont indiqué que nous avions franchi la fameuse limite tracée par l'incendie de 1931. Le capuchon de nuages planait maintenant tout près au-dessus de nos têtes. Et il ne bougeait pas d'un poil, malgré le vent léger.

— C'est un peu drôle, tout ça, a marmonné Joe en s'immobilisant. J'ai déjà lu quelque part dans un livre une histoire d'OVNIs dont les occupants s'étaient aménagé un avant-poste secret sur une montagne. Un roman de fiction, évidemment, note-le bien.

Il s'est arrêté de parler et s'est passé la main sur le front.

— J'ai une espèce de mal au crâne… La ballade me semble beaucoup trop fatigante.

Je n'ai remarqué qu'à ce moment la légère sensation de vertige qui s'était emparée de moi. Je ne me sentais pas vraiment mal, mais le besoin de m'allonger et de dormir était de plus en plus impérieux. Avant que j'aie pu dire un mot, Joe s'est assis dans l'herbe desséchée sur le bord du chemin.

— Nom d'un chien, qu'est-ce que je suis fatigué, a-t-il fait en s'étirant longuement.

Je me rappelle seulement m'être posé tout près de lui et avoir désespérément tenté de garder les yeux ouverts. Je ne voulais pas m'allonger, car, sinon, je me serais immédiatement endormi. J'ai à nouveau levé les yeux vers la couronne de nuages et cru apercevoir un mouvement furtif à sa périphérie. Mais j'ai basculé en arrière avant que mon cerveau n'ait pu exploiter cette observation.

— Joe… ? ai-je péniblement soufflé.

Pas de réponse. J'ai tenté de me redresser, mais, tout à coup, l'obscurité s'est faite tout autour de moi, comme si le soleil s'était éteint.

J'ignore ce qui s'est ensuivi.

Je suis un plongeur amateur passionné, mais je n'arrive pas à descendre en dessous de sept ou huit mètres. Dès que mes poumons manquent d'air, je laisse simplement le soleil me tirer vers le haut. La remontée est lente et dure plusieurs secondes. Elle m'arrache à l'obscurité des profondeurs et il fait de plus en plus clair jusqu'à ce que je perce la surface scintillante pour pouvoir à nouveau respirer.

Lorsque je me suis réveillé, j'ai eu l'impression d'émerger d'insondables abysses. Une lumière de plus en plus vive me baignait, et le soleil brillait d'un éclat rouge à travers mes paupières.

J'ai ouvert les yeux.

À mon immense surprise, j'étais confortablement installé sur le siège passager de la voiture de Joe. Lui-même était assis au volant, endormi, mais il commençait déjà à s'agiter avec une certaine nervosité.

Le sommeil nous avait pris au bord du chemin. De quelle façon étions-nous remontés dans le véhicule ?

Et ce n'était pas tout.

La voiture ne se trouvait plus à mi-pente du Mont Shasta, mais sur le petit parking tout en bas, là où nous avions fait notre pause de midi.

Joe s'est enfin éveillé. Je l'ai vu se redresser, enregistrer les modifications de notre environnement et écarquiller les yeux avec stupéfaction.

— Je suis devenu fou, ou quoi ? a-t-il lancé, perplexe.

— Nous sommes tous les deux tout à fait normaux, l'ai-je rassuré. Une canette de bière n'a jamais saoulé quelqu'un au point de lui donner des hallucinations. Et pourtant, nous devons être redescendus de la montagne sans en garder le moindre souvenir.

— Impossible ! a tonné Joe en sortant de sa poche la clef de contact. Je n'aurais jamais pu rouler sur une pente aussi raide sans enclencher une vitesse. Bon Dieu, il y a bien eu un truc !

Je lui ai répondu, factuel et la tête froide :

— Quelqu'un a dû nous installer dans la voiture, lui faire faire demi-tour puis la conduire jusqu'en bas. Il n'y a pas d'autre explication.

Il m'a dévisagé d'un air inquiet.

— Quelqu'un ? Mais qui donc ?

J'ai haussé les épaules.

— Qu'est-ce que j'en sais ! Peut-être l'un des mystérieux descendants de l'Indien Coyote.

— C'est complètement idiot ! m'a-t-il répliqué avec colère, mais il n'avait l'air ni sûr, ni convaincu. Des contes de bonne femme, et rien d'autre !

Je n'ai pas répondu. Je me suis tourné vers l'arrière et ai attrapé, dans le panier, la bouteille de bourbon. Une gorgée ne nous ferait pas de mal. C'est alors que j'ai remarqué l'enveloppe qui, précédemment, n'avait pas été là. Je l'ai saisie et agitée d'un côté sur l'autre, indécis. Elle ne portait ni adresse de destinataire, ni nom d'expéditeur.

— Comment diable a-t-elle atterri ici ? m'a demandé Joe.

— Je n'en ai pas l'ombre d'une idée.

J'ai ouvert l'enveloppe. Elle contenait une feuille de papier sans en-tête sur laquelle, à la main et au crayon, seuls ces quelques mots avaient été écrits :

Tu dois encore attendre, car l'année n'est pas encore écoulée. Numéro Un.

L'auteur était l'étranger de Munich, aucun doute là-dessus. Mais je ne pouvais évidemment pas le dire à Joe. Il existait donc bien un rapport entre le Mont Shasta et les gens que représentait l'inconnu. L'affaire devenait de plus en plus énigmatique et inquiétante.

— Que signifie cette nouvelle bizarrerie ? m'a interrogé mon ami, soudain bien moins calme et réfléchi que d'habitude.

— Je n'en sais strictement rien. Peut-être qu'il y a effectivement du monde là-haut, et qu'ils n'ont pas du tout envie qu'on les trouve. Le couvercle de nuages pourrait contenir une espèce de soporifique.

— Et la lettre est un avertissement ? a ajouté Joe, en qui l'enquêteur se réveillait. Eh bien, c'est la police qui devrait s'occuper de ça. Il se peut que quelques cinglés se soient installés au sommet du Mont Shasta.

— La police ?

J'ai éclaté de rire, avalé une bonne rasade et tendu la bouteille à Joe avant de poursuivre :

— Elle est au courant de toutes les histoires qui se racontent à propos de la montagne, non ? Tes collègues se moqueront de toi, un point, c'est tout.

— Tu as peut-être raison, a-t-il concédé. Quoi qu'il en soit, jusqu'à la fin de mes jours, je n'oublierai pas ce qui nous est arrivé ici. D'abord, parce qu'il n'y a pas la moindre explication rationnelle. Sans parler de la lettre, en plus.

— Tu peux la garder en souvenir, lui ai-je dit, avant tout pour dissimuler mes soupçons.

Quelque temps plus tard, il l'avait oubliée. Et s'il se l'était rappelée, il ne l'aurait pas retrouvée dans la boîte à gants de sa voiture, car je l'avais subtilisée en douce. Joe n'en était pas à une énigme de plus ou de moins, de toute façon.

Il a mis la clef de contact et l'a tournée. Le moteur a démarré instantanément, avec un ralenti aussi bien réglé que si le véhicule venait juste de sortir de révision. Sans mot dire, Joe a accéléré et pris la route de l'ouest, par laquelle nous étions arrivés.

Nous avons laissé le Mont Shasta derrière nous. De temps à autre, je lui jetais un regard par-dessus mon épaule. Sa couverture de brumes et de nuages demeurait inchangée. Qu'est-ce qu'elle pouvait bien dissimuler ? Et quel rapport cela avait-il avec Numéro Un ?

Joe m'a arraché à mes pensées.

— Nous atteindrons bientôt Weed, sur la ligne de chemin de fer, puis nous obliquerons vers le sud. Tu veux aller voir les autres sommets de la chaîne des Shasta ?

— Je trouve que nous en avons assez vu, ai-je répondu.

La succession de crêtes se dressait au loin, sur notre droite, quand nous avons piqué plein sud. Nous avions encore plus de mille kilomètres devant nous. Au crépuscule, nous étions à Hooker et y avons passé la nuit.

Tout au long du trajet, Joe avait répété au moins cent fois la même chose. Et il a encore continué au motel.

— Il n'y a vraiment personne qui nous croira !

En moi-même, j'ai prié de toute mon âme pour qu'il ait raison.

De retour à la maison, j'ai eu la visite de Walter et Peter. Je leur ai raconté mon aventure sans toutefois mentionner la lettre que j'avais rangée en sécurité dans mon coffre-fort. Il s'est ensuivi une discussion animée dont a jailli un constat étonnant : tous deux s'intéressaient à d'autres montagnes auréolées de mystère, situées aux quatre coins du globe. D'après eux, il existait entre ces sommets des rapports précis qu'on devait arriver à déterminer.

— Pourquoi y aurait-il de telles relations ? ai-je demandé avec mauvaise foi.

— Parce qu'il *doit* y en avoir ! a affirmé Peter, l'air convaincu. As-tu oublié cette chaîne de collines du Nevada dont Éric nous a parlé ? Il se dit que vue d'avion, elle change parfois de morphologie. On raconte aussi qu'un jour, un homme est entré dans une de ses grottes tandis que son fils l'attendait dehors, près de leur voiture. Le type est ressorti trois heures plus tard en prétendant n'être resté que deux minutes à l'intérieur. C'est une histoire abracadabrante !

— Pas plus que bien d'autres, ai-je objecté. Le problème, c'est qu'on ne peut en vérifier aucune.

— C'est néanmoins intéressant, a déclaré Walter. Je vous propose de me charger du travail de compilation en relisant tous les bouquins qui parlent de tels phénomènes. Tiens, par exemple, il y a au Canada le Mont Aylmer, au sud du Kicking Horse Pass, dans l'état d'Alberta. Des alpinistes disent qu'on ressent des impressions bizarres au voisinage du sommet, même si l'ascension est assez facile. En fait, on est très content de redescendre au plus vite. Les Indiens qui vivent encore dans la région affirment qu'il y a une immense caverne à l'intérieur de la montagne, assez vaste pour pouvoir accueillir un bateau de fort tonnage. Et il est aussi question d'altérations temporelles.

— Le paquet cadeau complet, a grimacé Peter avec incrédulité.

— Comment diable prouver que tout cela est réel ? ai-je fait en hochant la tête. Une enquête officielle est perdue d'avance, on ne reçoit pas de réponse et on passe pour des illuminés. Aller voir sur place ? Nous n'avons ni le temps ni l'argent pour parcourir le monde pendant des lustres sur la piste de ces montagnes magiques…

La discussion s'est prolongée tard dans la nuit sans donner de résultat. Walter est reparti pour Salzbourg, et Peter a disparu dans ma chambre d'amis. Je l'ai entendu encore un long moment feuilleter des livres alors que je tournais et virais dans mon lit, incapable de trouver le sommeil.

J'avais encore huit mois avant que l'année impartie ne se termine. C'était une perspective qui ne me lâcherait plus.

Être invité à Chapra a été l'une des plus grandes surprises de ma vie. Je ne connaissais personne en Inde et ne pouvais imaginer que quiconque, là-bas, aurait un jour l'idée de me solliciter. De penser à moi pour venir faire des conférences sur certaines théories, dans des établissements scolaires, puis en débattre avec des professeurs et des étudiants. Je savais qu'il existait bien des gens plus compétents que moi. Alors, pourquoi ce choix ?

Prudent et soupçonneux, je n'ai pas immédiatement accepté l'invitation, mais rédigé une lettre fort courtoise, dans laquelle je formulais mes remerciements puis demandais des informations complémentaires indispensables à ma décision.

La réponse mettrait sûrement plusieurs jours avant d'arriver. J'ai donc mis ce délai à profit pour essayer d'obtenir quelques éclaircissements. J'ai appelé Éric, l'ai questionné, et il n'a pas eu l'air plus étonné que cela.

— Ils ont la liste des membres de notre association, m'a-t-il annoncé. C'est moi qui l'ai remise aux divers professeurs que j'ai rencontrés quand je suis allé là-bas.

— Mais pourquoi moi, précisément ? Je n'ai pourtant rien d'un scientifique !

— C'est exactement ce qu'ils ne veulent pas, cette fois. On dirait qu'ils ont envie d'écouter des théories spéculatives audacieuses, et toi, tu es un champion dans cette catégorie. Je leur ai jadis expliqué que tu as su prédire nombre de choses sans être le moins du monde un voyant.

— Je devrais peut-être leur lire mes articles ?

— Je ne pense pas que ce soit ça qu'ils attendent. Quoi qu'il en soit, moi, à ta place, j'irais. Ça ne coûte rien.

— Je l'espère ! Un tel voyage n'est pas donné.

— De Calcutta, tu prends un vol pour Chapra. Certes, il atterrit à Patna, qui est plus grande et qui a une université, mais il y a ensuite un bus qui t'amène à Chapra.

— Ça m'a l'air assez compliqué… Tu ne peux pas venir ?

— Pas le temps, mon vieux. Mais je vais te faire passer une lettre de recommandation, ce sera une aide supplémentaire. Là-bas, on me connaît plutôt bien. N'oublie pas les vaccins, à propos. C'est important. Je t'envoie la lettre dès aujourd'hui. Fais-moi signe juste avant de partir.

— D'accord, Éric, et merci !

Même si la réponse des Indiens n'était pas encore arrivée, j'ai entamé mes préparatifs de voyage. Peter et Walter, auxquels j'avais annoncé la nouvelle, se sont pointés deux jours plus tard.

— Chapra est sur le Gange, m'a annoncé Peter avec un air de conspirateur.

— Et tu feras bien de te baigner dans le fleuve sacré, a ajouté Walter sans dissimuler qu'il m'enviait. Il paraît que ses eaux guérissent toutes les maladies.

— Une légende de plus, ai-je fait avec un geste de dénégation. En fait, j'ai entendu dire que le Gange est infesté de tous les germes pathogènes possibles et imaginables. Le bain, alors, très peu pour moi !

Soudain très sérieux, Walter a déclaré :

— C'est peut-être le cas au voisinage de l'embouchure, mais pas pour le cours supérieur. En outre, il y a deux affluents qui rejoignent le Gange à Chapra.

Il a pointé l'index sur la carte de l'Inde que nous avions dépliée sur la table, et suivit successivement plusieurs fleuves.

— Ici, à Allahabad, le Gange oblique vers le nord-ouest jusqu'à sa source dans la région de la Nanda-Devi, à environ sept mille huit cents mètres d'altitude.

— Je n'ai pas l'intention d'explorer les sources du Gange, ai-je objecté. Même si c'est là que l'eau est la plus propre.

— Le mont Nanda-Devi passe lui aussi pour avoir ses mystères, m'a alléché Walter avec un air sournois. Moi, si j'étais toi…

— Je serai déjà bien content d'arriver sain et sauf à Chapra, l'ai-je coupé. Mais à quoi bon discuter de tout ça ? Je n'ai pas encore reçu l'invitation officielle.

— Elle est pourtant là, sur la table !

— Je parle des billets d'avion et de tout le reste. Vous croyez que je pourrais me payer tout ça ?

Mais Walter ne s'est pas avoué pas désarmé.

— Le mystère des eaux du Gange m'a toujours fasciné. Jusqu'à ce jour, nul n'a réussi à trouver la raison de leurs vertus curatives.

— Il ne s'agit en aucun cas d'une simple superstition religieuse, a ajouté Peter avec conviction. J'ai lu à ce sujet une foule de livres et de rapports d'expertise médicale. Les choses les plus étonnantes ont été enregistrées. Même des gens à demi morts ont recouvré leur pleine santé.

Moi aussi, j'étais au courant de tout cela, mais je demeurais sceptique. Nous avons discuté encore longuement de mon voyage futur, et mes amis m'ont prodigué une pléthore de bons conseils. Lorsqu'ils m'ont quitté, ils avaient la conscience tranquille, car ils estimaient m'avoir suffisamment préparé à toutes les éventualités envisageables. Et j'en venais moi-même à me dire que rien d'autre ne pourrait m'arriver.

Trois jours plus tard, la réponse de Chapra était là. De caractère très officiel, la lettre était rédigée dans un style aussi courtois que la première. Il y avait en annexe un courrier de l'Université de Patna, et un autre émanant d'un service d'État. Les billets d'avion pour l'aller et le retour étaient également dans l'enveloppe, sans date ni réservation ferme de vol. J'avais libre choix de mon calendrier.

De sorte que ma décision a été très rapide.

Le voyage aller s'était déroulé dans les meilleures conditions, et sans anicroche. L'escale à Calcutta avait été brève. L'avion pour Patna était exigu et inconfortable, mais il avait mis à peine une heure pour rallier sa destination. J'étais ravi à l'idée de me dégourdir les jambes.

Dans le hall du petit aéroport, un homme vêtu à l'européenne et coiffé d'un casque colonial s'est avancé vers moi, tendant la main avec hésitation.

— Ce doit bien être vous… Bienvenue en Inde !

C'était un Anglais.

— Merci, Mister…

— Roy Gibson. Notre société m'a chargé de vous accompagner à Chapra en toute sécurité. Le bus attend déjà dehors.

Il m'a aidé à récupérer mes deux valises, a bu avec moi un verre d'accueil au bar – très rustique, en vérité – puis m'a conduit jusqu'au bus, une antiquité qui eût amplement mérité une bonne remise en état. À l'intérieur régnait une chaleur poisseuse presque insupportable.

— Ça ira mieux quand il se mettra à rouler, a déclaré Gibson, histoire de me réconforter, en me voyant éponger la sueur sur mon front. Nous sommes très heureux que vous ayez accepté l'invitation et vous pouvez être certain que nous ferons de notre mieux pour que votre séjour dans notre pays soit le plus agréable possible. D'ailleurs, c'est chez moi que vous logerez, il y a suffisamment de place.

Dès le premier abord, l'homme m'était apparu sympathique. Je n'avais donc rien à objecter à sa proposition. Bien au contraire. Je préférais être hébergé chez l'habitant plutôt qu'à l'hôtel.

— Patna est la capitale de l'état du Bihar, m'a indiqué Gibson tandis que le bus ne cessait de sauter d'une ornière de la route à la suivante. La population de la ville est d'environ cent mille personnes, donc un peu supérieure à celle de Chapra. En plus de l'Université, nous avons aussi l'Institut Pasteur. Mais le temple sikh qui se trouve à l'extérieur de Patna vous intéressera sûrement davantage. Nous aurons peut-être le temps d'aller le voir.

De chaque côté de la route, les indigènes travaillaient dans les champs. Les terres cultivées semblaient bien plus étendues que je ne l'avais imaginé. Gibson répondait volontiers à toutes les questions que je lui posais. C'était un guide de voyage plein de patience.

Bientôt, les dernières maisons ont disparu. La route filait vers le nord-ouest à travers le haut-plateau fertile.

De temps à autre, le bus seulement à demi plein s'arrêtait. Quelques passagers débarquaient, deux ou trois nouveaux montaient, puis nous repartions.

— Chapra va vous plaire, m'a affirmé Gibson, peu désireux de me voir m'assoupir à cause de la fatigue. Ma maison se trouve sur le bord du Gogra, un affluent du Gange. D'ailleurs, nous ne tarderons pas à approcher de la ville.

Il nous aurait tout de même fallu une heure et demie pour parcourir une cinquantaine de kilomètres.

— En fait, j'ignore toujours ce que l'on attend exactement de moi, ai-je dit, un peu anxieux.

Gibson m'a souri avec sa courtoisie typiquement anglaise.

— Nous en parlerons ce soir en toute tranquillité. Nous nous installerons dehors dans la véranda et admirerons le coucher du soleil. Le climat est très sain, au sud de l'Himalaya.

Les quartiers périphériques de Chapra n'avaient rien de très attractif. Le bus a encore fait de multiples haltes, jusqu'à ce que Gibson et moi en soyons les derniers voyageurs. J'ai remarqué que mon compagnon glissait un billet au chauffeur et lui disait quelque chose que je n'ai évidemment pas compris. Le conducteur a opiné du chef et poursuivi sa route.

— Bus ou taxis, ici, c'est pareil, m'a expliqué Gibson. Notre homme est ravi de gagner un peu d'argent en extra, et il va nous amener jusque chez moi.

Peu après, nous avons atteint le Gogra. La route était maintenant à peine meilleure qu'un chemin de campagne. Sur la droite, les parcelles étaient clôturées. Au-delà, les maisons individuelles se dissimulaient pour la plupart derrière des arbres.

Le bus s'est enfin arrêté.

— Nous y sommes, m'a annoncé Gibson en s'emparant d'une de mes valises. Le dîner nous attend. Venez, cher ami !

J'ai attrapé mon autre bagage et suivi mon hôte tandis que le bus effectuait un demi-tour et repartait en direction de Chapra.

La petite porte du jardin était ouverte. Un étroit sentier serpentait jusqu'à la maison bâtie sur la berge du fleuve, bien à l'abri derrière des buissons et des arbres. C'était un bungalow doté d'une vaste terrasse couverte sur laquelle une table était dressée, avec des coupes de fruits et des verres.

Une jeune Indienne s'est avancée vers nous.

— Voici Tana, m'a précisé Gibson en lui adressant un salut amical. Elle vit chez nous depuis la mort de ses parents. Tana, je te présente notre invité pour quelque temps. Où est Jenny ?

Il s'est tourné vers moi.

— Jenny est mon épouse.

— Elle est au bord du fleuve, et elle va bientôt rentrer, a répondu Tana en très bon anglais.

— Bien ! Nous l'attendons dans la véranda. Je pense qu'une gorgée de bière ne nous fera pas de mal, après la fournaise du bus…

Quelques minutes plus tard, nous trinquions avec enthousiasme.

— Jenny va souvent se promener au bord du Gogra, a dit Gibson. Elle n'a pas entendu le bus arriver, sinon elle serait déjà là. Cela fait à présent cinq ans que nous résidons dans cette maison. Mais un jour viendra où nous repartirons pour l'Europe.

Gibson était âgé d'une quarantaine d'années. Son père avait passé la moitié de sa vie en Inde, et y était décédé.

De retour de sa promenade, Jenny s'est excusée de ne pas avoir été présente à mon arrivée puis elle a rejoint Tana pour l'aider à préparer le dîner. Mon hôte a mis à profit cette nouvelle pause pour me livrer quelques détails sur le motif de mon invitation.

— L'idée nous est venue lors du débat ayant suivi une conférence que votre ami Éric a donnée à Patna. La discussion a pas mal échauffé les esprits des enseignants et des élèves qui y avaient assisté. Malgré des opinions contrastées, nous avons fondé un club, nous nous sommes régulièrement rencontrés et avons partagé nos diverses expériences. Depuis quelque temps, nous avons reçu des subventions de l'État, et c'est ce qui nous a permis de vous inviter.

— Pourquoi moi, précisément ?

— Vous nous avez été recommandé, mais ce n'est qu'une raison parmi bien d'autres. Nous connaissons les points de vue et les théories des scientifiques, mais nous estimons que parler en cercle restreint avec vous, sans qu'il soit fixé de limites à l'extrapolation, peut mettre en lumière de nouveaux aspects. Il sera permis d'évoquer toute hypothèse, aussi délirante d'apparence soit-elle. En d'autres termes, ce sera un *brainstorming* de l'imagination et de l'inventivité.

Cela s'annonçait fort bien, à mon sens.

— Très intéressant, pour sûr, ai-je approuvé. Mais qu'en sera-t-il avec les établissements scolaires ? Dans le courrier que j'ai reçu, il était question de conférences et d'exposés.

— Il s'agit du prétexte officiel vis-à-vis de notre administration, à laquelle nous devons rendre des comptes. Il vous suffira de formuler en public, avec toutes les précautions et réserves d'usage, la théorie selon laquelle la Terre aurait jadis connu une civilisation depuis longtemps disparue. Ce concept trouve un écho dans nombre de religions, donc nous ne heurterons personne. Mais nous en rediscuterons plus tard, car voici Jenny et Tana avec le dîner…

De prime abord, ce voyage en Inde n'avait aucun rapport avec mon histoire personnelle d'alors. En réalité, cependant, il se révélerait plus tard comme une sorte d'étape intermédiaire très importante sur le chemin que j'avais commencé à parcourir sans en avoir conscience.

Ma première nuit avait été très bonne. Le lendemain après-midi, dans la salle des fêtes d'une école, j'ai donné une brève conférence suivie d'une discussion. Un interprète assurait la traduction de mes propos en langue indienne.

Nous avons passé la soirée chez Gibson en compagnie de plusieurs membres de son club. Tout le monde parlait anglais, et il n'y avait pas besoin du traducteur.

La conversation a été très animée. Hélas, je ne m'en souviens plus dans le détail. J'ai même oublié le nom du président du fameux club. Chanda, peut-être, ou quelque chose d'approchant. L'homme avait dans les soixante-dix ans, portait un collier de barbe noire et, ainsi, correspondait parfaitement à l'image habituelle que l'on a d'un Indien.

Il m'a fallu un certain temps pour me rendre compte que ses questions étaient toujours très ciblées, ce que j'ai imputé à son scepticisme. Mais durant mon troisième jour à Chapra, j'allais découvrir que la raison était tout autre.

Pendant la seconde journée, j'ai donné trois conférences. Le lendemain, une seule, à l'université de Patna. Sur le chemin du retour, Gibson a pris la route du centre de Chapra, car le club y avait son siège.

Après un repas typiquement anglais, plusieurs membres du cercle se sont installés autour de la table ronde, dans la fort conviviale salle de réunion. J'ai deviné, à leurs regards brillants d'expectative, qu'ils attendaient de moi des révélations déterminantes. Hélas, je ne pourrais rien leur apporter de tel.

Quoi qu'il en soit, la soirée était intéressante et riche en échanges, mais je me suis senti soulagé quand l'attention de tous s'est détournée de moi et que la discussion est devenue plus générale. Quelques petits groupes se sont isolés en divers endroits de la salle. Chanda, lui, est resté assis à côté de moi.

Jusqu'à présent, il avait été remarquablement silencieux et s'était contenté d'écouter. Mais là, il a changé de comportement.

— Vous êtes-vous déjà demandé, a-t-il fait sans guère hausser le ton, s'il n'y aurait pas aussi dans mon pays des traces d'une civilisation disparue, peut-être jadis anéantie ? En d'autres termes, avez-vous connaissance de choses qu'elle aurait laissées derrière elle ?

Je me suis remémoré la chronologie hindouiste, avec le concept très particulier des jours de Brahma, les récits du Mahabharata, le texte en sanscrit du sage visionnaire dénommé Maharshi Bharadwaja, le pilier inoxydable de Dehli – non, mieux valait ne pas parler de lui ! À moins que…

— Srinagar ! me suis-je alors exclamé de façon impulsive. Le Temple des Juifs de Srinagar, au Cachemire. Je présume que vous avez entendu des choses à son sujet, quand Éric était là.

— C'est vrai. Mais officiellement, il n'y a rien de spécial là-bas. Or, l'existence d'une émission radioactive y a été confirmée. Et ce rayonnement possède des caractéristiques précises qui lui dénient toute origine naturelle. Par exemple, le fait qu'il semble émaner d'une veine minérale d'assez grande longueur. Je vous remercie d'avoir mentionné Srinagar, car nous prévoyons d'y partir en expédition. Cette affaire de bande radioactive ne cesse de nous hanter, mes confrères et moi. À mes yeux, elle atteste que l'on disposait bien, autrefois, d'une technologie très avancée. Et là-bas, ses restes ne sont enfouis qu'à quelques mètres sous la surface du sol.

Je l'avais compris : près de moi se tenait un homme qui percevait et pensait exactement comme moi. Il ne me suffisait pas, à moi non plus, d'obtenir la preuve d'un fait étonnant pour cesser de m'y intéresser. Non, il me fallait aller le toucher du doigt.

— Quand partez-vous ? me suis-je enquis.

Chanda a souri.

— Pas tout de suite, car les préparatifs sont difficiles. N'oubliez pas non plus que notre projet doit demeurer secret. Nous pouvons tout de même en parler. Mais passons à un autre sujet qui, seulement en apparence, n'a pas de rapport avec le temple de Srinagar : le Gange.

— On en raconte beaucoup sur son pouvoir de guérison, ai-je dit avec prudence, peut-être pour amener mon interlocuteur à être plus loquace.

— Il a été scientifiquement prouvé. L'eau du fleuve guérit bien des maladies, et pas uniquement grâce à la foi, même si elle aide quelque peu. Le fait étonnant, mais juste connu d'une minorité, est que le pouvoir curatif s'accroît quand on se rapproche du cours supérieur du Gange. Hélas, peu de croyants se baignent là-bas.

C'était pour moi une nouveauté. Je me suis toutefois gardé d'en tirer quelque conclusion que ce fût.

À ce moment, plusieurs membres du club sont revenus à notre table et ont interrompu notre conversation. Bien plus tard seulement, à l'heure de clore la soirée, j'ai à nouveau eu l'occasion de discuter avec Chanda. C'est lui qui m'a entraîné un peu à l'écart et m'a dit :

— Examinez donc en détail la carte de l'Inde et essayez de déterminer la relation géographique entre Srinagar, les sources du Gange et son delta dans la région de Calcutta. Mais n'oubliez pas que les cartes peuvent être imprécises. Nous nous reverrons demain à votre conférence.

Je suis resté planté là, immobile, jusqu'à ce que Gibson m'attrape par le bras.

— Venez donc, il est déjà tard. Jenny doit déjà être couchée. Alors, Chanda n'est-il pas quelqu'un d'extra-ordinaire ?

— Tout à fait, ai-je marmonné en montant dans la voiture. Il m'a mis sur la piste d'une idée fantastique.

J'avais dans mes bagages une carte de l'Inde, pas très grande cependant. Je l'ai dépliée sur le lit et y ai cherché les endroits mentionnés par Chanda. Srinagar y figurait ; j'ai aussi trouvé le petit fleuve auquel Éric avait fait allusion dans le récit de son expédition. Son cours passait tout près du Temple des Juifs, mais je n'ai pu le remonter bien loin, car il avait été tracé seulement sur une très courte distance. D'après la carte, il s'arrêtait quelque part au sud-est de la ville dans le sol de la vallée haute.

Toujours au sud-est, à plus de cent kilomètres, j'ai localisé le massif de la Nanda Devi, la région où le Gange prend sa source avant de couler vers Allahabad, en passant par Chapra, puis de continuer vers Calcutta avec plusieurs changements de direction. À première vue, Srinagar, la Nanda Devi, Chapra et le delta du fleuve se situaient bien sur une ligne droite allant du nord-ouest au sud-est.

Était-ce là ce que Chanda avait voulu dire ?

Je n'en étais pas certain. Selon lui, le temple de Srinagar et le Gange n'avaient pas de rapport, mais « seulement en apparence ». Donc, à son avis, une relation existait bel et bien.

Je me suis rappelé les remarques de Walter à propos de traces radioactives vraisemblablement présentes dans les eaux du fleuve et susceptibles de stériliser les germes pathogènes. Des traces en quantité si faible qu'elles n'étaient pas mesurables.

Et, toujours d'après Walter, une légende racontait qu'en un lieu indéterminé, il y aurait quelque part en dessous du Gange un temple encore non découvert, dont émanerait le pouvoir de guérison.

Srinagar, peut-être ? Mais non, le Temple des Juifs se trouvait au-dessus du fleuve sans nom qui se perdait dans le sol. En outre, ce cours d'eau ne semblait en rien être relié au Gange. Chanda n'avait-il pourtant pas dit que le pouvoir curatif augmentait si l'on se rapprochait de la source du fleuve sacré ? Alors, la solution de l'énigme ne se cachait-elle pas là ?

Des questions, des questions, et toujours pas de réponse…

J'ai replié et rangé la carte. Je ne me suis endormi que peu de temps avant l'aube, et j'ai trouvé dans mes rêves plus d'une douzaine de solutions au problème.

Mais à mon réveil, je les avais toutes oubliées.

Les dix derniers jours se sont déroulés conformément au programme. J'ai eu plusieurs occasions de rencontrer à nouveau Chanda et de discuter avec lui. Il a confirmé l'observation que j'avais faite à partir de la carte et déclaré que l'existence de rapports particuliers entre les eaux du Gange et le temple de Srinagar n'était pas à exclure. Il a cependant ajouté qu'il n'y avait hélas aucune carte précise de la région où le fleuve sacré prend sa source.

Deux jours avant mon départ, le club a organisé une manifestation publique, suivie d'un débat, à l'université de Patna. Sur l'estrade, à mes côtés, se tenaient Gibson, Chanda, plusieurs professeurs et l'interprète. C'est Chanda qui a prononcé le discours de clôture, me remerciant d'avoir accepté de venir et me priant, à mon retour en Europe, de transmettre les meilleures salutations de mes hôtes à la société sœur du club indien.

Tandis qu'il parlait, j'ai balayé du regard l'assistance plongée dans la pénombre. Les visages des auditeurs formaient une masse indistincte, un peu plus claire, mais quasi impossible à différencier. Il m'a seulement semblé apercevoir quelqu'un, dans l'une des rangées les plus distantes, qui se levait juste avant la fin et se dirigeait vers la sortie.

Chanda a terminé son discours, et les lumières se sont rallumées.

J'ai vu l'homme un peu plus nettement lorsqu'il s'est retourné un instant, avant de quitter la salle. Environ cinquante ans, le teint bronzé, les cheveux bruns sillonnés de fils d'argent.

Une seconde plus tard, il avait disparu.

— Numéro Un ! ai-je fait, désemparé, incapable de bouger alors que les applaudissements retentissaient et que Gibson, Chanda tout comme les autres conférenciers se levaient pour saluer l'assistance.

Par bonheur, Gibson m'a donné un coup de coude qui m'a arraché à mon immobilité.

La salle s'est lentement vidée.

— Nous nous reverrons demain une dernière fois chez Gibson, ai-je entendu Chanda me souffler à l'oreille. En outre, mon ami, vous me paraissez avoir de très bons yeux…

Avant que j'aie pu lui demander ce qu'il voulait dire par là, il a tourné les talons et s'est éloigné.

Ni à ce moment, ni plus tard, je n'ai pu savoir s'il connaissait ou non mon secret.

Dans mon bureau, à la maison, une montagne de courrier m'attendait. Il m'a fallu pratiquement deux semaines pour en venir à bout. J'ai alors compté qu'il me restait sept mois avant la fin de la fameuse année.

Mes mystérieux inconnus ne me quittaient donc pas des yeux. Même en Inde, ils m'avaient observé. Je ressassais une question déroutante : Numéro Un avait-il ou non fait preuve délibérée d'imprudence en se révélant, pour me donner une sorte d'avertissement ? J'étais pourtant certain de ne pas avoir enfreint ses consignes.

Pour ce qui est du Gange, le hasard est venu à mon secours. La carte imprécise et les désaccords sur l'emplacement exact de la source du fleuve sacré ne cessaient de me perturber. Lors d'une visite éclair à Vienne, j'ai découvert chez mon ami Axel, qui y dirigeait un club de jazz, un atlas absolument magnifique qui avait été élaboré grâce à la technologie la plus moderne, à savoir, l'utilisation de photos prises par des satellites. Un rapide coup d'œil sur la carte de l'Inde du nord m'a poussé à faire pression amicale sur Axel jusqu'à ce qu'il accepte de me vendre cette merveille.

De retour chez moi, je me suis installé dans mon bureau pour étudier l'atlas et établir des comparaisons avec ceux, plus anciens, que je possédais ainsi qu'avec des cartes du territoire qui m'intéressait. Eh bien, les différences se sont avérées étonnantes. La ligne que j'avais tracée avec enthousiasme pour relier Srinagar, la Nanda Devi, Patna et le delta du Gange n'avait aucune existence réelle. Je pouvais oublier la théorie basée sur un cours souterrain entre la région de la source du fleuve et Srinagar. En revanche, j'ai fait une découverte qui, à mes yeux, était sensationnelle.

Car, vu depuis l'espace, le Gange prenait certes bien sa source dans le massif de la Nanda Devi, mais au lieu de se diriger vers le sud, il filait presque exactement vers l'est sur environ cent vingt kilomètres puis passait tout près de Srinagar ! Le petit fleuve qui coulait sous le Temple des Juifs, avec la fameuse veine radioactive, n'était autre que le futur Gange.

Était-ce la solution de l'énigme immémoriale posée par les vertus curatives de ses eaux ?

Le quotidien a repris le dessus, et n'a pas tardé à m'absorber totalement. J'ai rédigé plusieurs récits de voyage pour relater mon séjour en Inde puis me suis consacré à des livres et des articles sur les problèmes liés à la réincarnation, brusquement devenus d'actualité. Je me rappelais en avoir discuté avec Chanda, qui croyait ferme à la renaissance des âmes dans des corps différents.

Le domaine me fascinait de plus en plus, même si j'étais convaincu de ne jamais arriver à des certitudes palpables. Jusqu'au jour où je me suis vu contraint de réviser mon opinion.

Grâce à une de mes connaissances, j'ai eu la possibilité d'assister à une séance organisée par un hypnotiseur réputé.

Je n'avais jamais rencontré la jeune fille qui s'était proposée pour servir de sujet, et je n'ai jamais appris son nom. Elle donnait une impression de timidité distante et, tout à la fois, de sérieux absolu.

C'était un bon médium, car elle a très vite plongé dans la transe hypnotique et s'est aisément laissée ramener dans son propre passé. Elle a raconté sa naissance, puis le temps qui l'avait précédée. Il faisait sombre autour d'elle, et elle n'a pu dire combien durait cet état. Mais lorsque l'obscurité s'est dissipée, elle avait accompli un bond colossal en arrière.

À ses dires, elle vivait au quatorzième siècle et elle a fourni des détails qu'elle eût été bien incapable d'inventer toute seule. Une vérification ultérieure a prouvé qu'elle avait décrit des formations rocheuses situées dans une région de la Terre qu'elle n'avait jamais visitée de sa vie.

L'hypnotiseur l'a fait s'endormir et s'est tourné vers nous :

— Je vous vois sceptiques, et je le comprends. Nous avons ici un très bon médium qui se laisse facilement guider. Peut-être l'un d'entre vous souhaite-t-il qu'elle remonte encore plus loin dans le passé, même si elle n'en ramènera pas grand-chose de vérifiable. Je crois, non, je sais que les régressions sont pratiquement sans limites. Seule la période séparant une mort de la renaissance suivante demeure cachée. Nous ne possédons pas encore les connaissances nécessaires à l'explorer.

Mon ami m'a donné un léger coup de coude.

— Et alors ? Ça ne te tente pas ?

— Je n'ai rien d'un hypnotiseur !

— Réponse stupide ! Tu n'as qu'à lui indiquer ce qu'il doit faire.

À cet instant, une idée complètement irrationnelle m'a traversé l'esprit. En liaison avec mon intérêt pour la civilisation disparue il y a quelques dizaines de millénaires, l'astroarchéologie s'attachait à trouver des indices correspondant aux visites jadis rendues à notre planète par des voyageurs spatiaux doués d'intelligence. Si ces êtres étaient venus sur Terre par hasard, alors ces traces étaient elles aussi le fruit du pur hasard. Mais si les escales ou les séjours de ces explorateurs avaient été intentionnels, il était tout à fait possible qu'ils aient laissé à dessein tel ou tel signe de leur passage.

Restait à réussir une extraordinaire prouesse : faire régresser le médium jusqu'à une époque où les extra-terrestres étaient parmi nous…

— Tu rêves ? m'a lancé mon ami, m'arrachant à mes réflexions.

Du coup, mon choix était fait.

— Pouvez-vous ramener cette jeune dame encore plus loin dans le temps ? ai-je demandé à l'hypnotiseur. Très loin, je veux dire.

— Vers l'époque du Christ ?

— Non, bien avant. Dix mille ans plus tôt, peut-être.

— Je ne suis pas capable de dater exactement la période, mais je peux essayer. Par contre, vous pourrez à peine en conclure si cette séance était ou non une supercherie. Nous n'avons point d'idée quant à l'allure de la Terre à cette époque.

— C'est sans importance. Essayez, je vous prie.

— Je le répète, les repères temporels seront imprécis, car les intervalles séparant morts et renaissances ont des durées irrégulières. Ce ne sont parfois que des heures ou des jours, et plus souvent des millénaires.

Je ne le contesterai pas, j'étais plus que sceptique. Même si je suis intimement convaincu de l'indestructibilité de l'âme, en tant qu'unité énergétique, je ne parviendrai jamais à comprendre comment une conscience peut subsister sans conserver de souvenirs actifs. Des souvenirs, pourtant, il en existe, même si ce n'est qu'à l'état parcellaire de fragments qui se laissent exhumer par l'hypnose. Mais ils n'obéissent ni à la volonté, ni à un quelconque contrôle. La prétendue immortalité de l'âme n'est donc que relative. Elle a beau renaître successivement dans de nouveaux corps, la mémoire du passé lui est déniée. Par conséquent, dans notre acception usuelle, l'âme est tout à fait mortelle.

— Plongeons plus loin dans le temps, ai-je entendu dire l'hypnotiseur, assurément un authentique expert dans son domaine et en rien soupçonnable de tricherie. Remontons toujours plus loin. Que vivez-vous ? Que voyez-vous ? Que ressentez-vous ?

La voix de la jeune femme était si basse et indistincte que je l'ai à peine comprise.

— Il fait sombre, murmura-t-elle. Comme dans une grotte… Mais la lumière vient… On m'arrache une flèche de la poitrine… J'ai mal… Il fait de plus en plus clair…

Elle s'est tue.

— Que se passe-t-il maintenant ? Où es-tu ?

Impatient, l'hypnotiseur s'était mis à tutoyer le médium.

La jeune fille s'est remise à parler, hésitante. Elle souffrait, c'était manifeste.

— Un onguent et des pansements… La douleur s'en va… Les hommes et les femmes, autour de moi… Petits, la peau sombre… Une grotte…

Le jeu des questions et des réponses s'est poursuivi. De l'époque où elle avait resurgi, le sujet a glissé vers le futur. De quelques semaines, pas davantage. Lorsqu'elle a décrit des paysages puis, peu après, les mœurs de ceux qui habitaient cette région, j'ai compris qu'elle parlait de l'Australie. Les indices relatifs à la faune ne trompaient pas.

De nos jours, il existe encore des aborigènes qui, dans les territoires centraux du cinquième continent, vivent toujours comme à l'âge de pierre. Nous n'avions donc là aucun indice sûr pour la datation, seulement des présomptions.

— Nous allons plus loin ? m'a interrogé l'hypnotiseur.

J'ai acquiescé sans mot dire.

Soudain, la jeune femme s'est éveillée en ayant tout oublié de ce qu'elle nous avait raconté. Une séance supplémentaire a été programmée pour le lendemain, mais seulement en cercle très restreint. Le médium s'est déclaré d'accord.

Ce jour-là, comme je le déterminerais plus tard, le sujet est remonté à environ treize mille ans dans le passé sans s'arrêter en chemin à l'une ou l'autre de ses tranches de vie intermédiaires. La jeune femme semblait plus ouverte que la veille, presque plus enjouée. Les mots jaillissaient de ses lèvres en un flot ininterrompu, et il n'était pas aisé de les corréler entre eux.

— Vert… C'est vert, tout autour de moi. Il y a des montagnes, pas très hautes, mais c'est d'elles que souffle le vent frais qui nous fait du bien. Il fait très chaud au bord du fleuve, mais frais dans les grottes. Ce sont les grottes des dieux, ces dieux qui nous ont abandonnés…

La dernière phrase m'a frappé avec la violence d'un éclair, même si je n'en ai rien laissé paraître. Aussi incroyable le hasard fût-il, il venait de se manifester dans un sens pour moi favorable.

L'hypnotiseur a enchaîné les questions, et le médium, les réponses.

— Notre vie a changé. Le chef m'a prise pour épouse, selon le conseil donné par les dieux. J'ai été autorisée à entrer dans les grottes, mais seulement jusqu'au mur. Je ne sais pas ce qu'il y a derrière…

Sont ensuite venus des mots dans une langue inconnue de nous tous. Pendant un moment, il a été impossible d'endiguer cette logorrhée. Mais l'hypnotiseur a énergiquement incité le sujet à parler comme dans son existence présente.

J'étais sûr que le charme avait été brisé et que la jeune femme allait se réveiller, mais, à ma grande surprise, elle est restée en transe. Et elle s'est remise à s'exprimer en allemand.

— Je n'étais pas supposée savoir ce qu'il y a derrière le mur. Seuls le chef et les prêtres en ont le droit. C'est difficile… J'essaie de me rappeler… Que s'est-il alors passé ? Oui, c'est le jour où les dieux nous quittent… Là-haut, au sommet de l'une des montagnes, sur le plateau… Ça y est, je m'en souviens très bien… Pas de forêt alentour, il fait frais. La maison des dieux est dressée là… Une grosse boule posée sur ses pattes, comme une araignée géante… Elle brille de partout, plus lumineuse que le soleil…

La jeune médium s'est figée et s'est tue. Elle n'allait plus lâcher un traître mot. Elle s'est réveillée, a balayé son environnement d'un regard perdu, puis souri et annoncé qu'elle avait bien dormi. Elle ne se rappelait rien du tout.

Au terme de longues négociations, mon ami et moi avons obtenu un autre rendez-vous avec le même sujet. Il nous était maintenant possible de progresser dans une direction bien définie, et l'hypnotiseur semblait avoir saisi ce qui nous motivait. Après avoir empoché notre chèque, il a promis d'organiser uniquement pour nous la séance convenue.

C'est pourquoi il a garanti que le médium replongerait sans problème à l'époque précise où elle s'était trouvée la dernière fois.

Pour aller droit au but : la session a eu lieu une semaine plus tard et a été un succès complet. Le sujet a été ramené en un temps où elle était devenue une vieille femme et où le chef avait pris une seconde épouse plus jeune. Des questions bien ciblées nous ont révélé que les dieux avaient disparu de nombreuses saisons des pluies plus tôt et n'étaient jamais redescendus du ciel.

Mais ils avaient laissé « quelque chose » sur la montagne.

Mon cœur s'est mis à battre à une vitesse folle.

— Qu'est-ce que c'est ? Demandez-lui de quoi il s'agit !

L'hypnotiseur a acquiescé et interrogé le sujet.

—… plus très bien… trop longtemps… Une chose lourde, pas très grosse… Comme un bloc de pierre, mais en métal… Ça brille au soleil. À l'endroit de la chose, la tribu a construit un temple… Le temple du Soleil… J'y suis allée aujourd'hui. Au lieu sacré, sur le plateau… En haut de la montagne sur laquelle le soleil se couche pour de bon… Il y a deux montagnes, comme des sœurs jumelles…

À nouveau, elle s'est remise à parler dans cette langue que nous ignorions. Jusqu'à ce qu'elle se réveille brusquement et reprenne très lentement pied dans la réalité du présent.

J'ai occupé les jours et les semaines suivants à étudier attentivement toute la littérature que j'avais pu amasser à propos de l'Amérique du Sud. Sans le moindre doute, notre médium avait jadis vécu dans la peau d'une Amérindienne du bassin de l'Amazonie. Les indices étaient irréfutables. Et il ne m'a guère fallu de temps pour dénicher, parmi mes bouquins, des pistes qui correspondaient à la direction recherchée.

Les seuls handicaps étaient la taille gigantesque de l'Amazonie et l'immensité des zones encore inexplorées de la partie nord du Brésil. Sans compter que le secteur qui nous intéressait pouvait également se trouver à la périphérie du Pérou, de l'Équateur, de la Colombie, du Venezuela ou même de la Guyane.

La quête semblait donc vouée à l'échec. Et j'étais sur le point de renoncer quand m'est revenu à l'esprit l'atlas moderne qui, une fois déjà, m'avait autorisé une avancée significative. J'ai couru le chercher et l'ai ouvert.

Dès le premier coup d'œil, la comparaison avec des ouvrages plus anciens m'a prouvé que les régions non explorées du bassin de l'Amazone et de ses nombreux affluents apparaissaient de façon bien plus nette sur les photos prises par satellites que sur les cartes de jadis. Tous les cours d'eau changent de morphologie au fil du temps, sur des échelles assez variables. Mais les repères marquants tels que montagnes ou grands lacs, eux, n'évoluent pas de la même manière, sans pour autant dire qu'ils sont immuables. J'ai donc assez rapidement découvert que les indications fournies par le médium étaient relativement exactes.

Considérons la zone où prend sa source « le grand fleuve du nord », un terme par lequel la jeune femme n'avait pu désigner que notre Orénoque moderne. Là-bas, au sud d'une montagne élevée qui se dressait en solitaire sur les hauts plateaux, il devait y avoir un lac, le seul de toute la région. De là, dans la direction du zénith solaire, on devait aboutir après quelques jours de marche à un endroit où le haut plateau plongeait brusquement dans la forêt vierge. C'était précisément sur cette frontière que devaient se trouver les deux derniers sommets, les fameuses montagnes jumelles.

L'une d'entre elles était le lieu que nous recherchions.

Les jumelles n'avaient pas de nom. Ni le lac, relié par un bras d'eau au fleuve Navaca qui s'en allait se jeter dans l'Orénoque. Plus au sud s'étendait la Sierra Imeri, également une zone de hauts plateaux qui s'interrompait net en limite de la forêt vierge du Rio Negro, le fleuve qui rejoignait l'Amazone à Manáos.

Le souvenir de mon premier voyage dans les contrées amazoniennes a cependant tempéré ma confiance et mon optimisme à la façon d'une douche froide. Passeport et vaccinations étaient certes toujours valides, mais obtiendrais-je l'autorisation de pénétrer en zone frontière du Venezuela et du Brésil, sur un territoire officiellement attribué aux Indiens ? Là-dessus, la FUNAI[7] était intransigeante. Mais cette entité était spécifiquement brésilienne. Peut-être devais-je tenter d'entrer par le nord, depuis le Venezuela…

Il me restait encore tout juste sept mois. J'ignorais ce qui se passerait ensuite. Impossible d'en avoir la moindre idée.

Je me suis décidé en un instant et j'ai embarqué sur un vol pour Oslo afin d'aller informer Éric de mon projet.

À mon arrivée, comme toujours, ce diable d'homme était extrêmement occupé. Ma visite impromptue lui faisait plaisir, mais ne l'enchantait pas particulièrement. C'était compréhensible. Je n'aimais pas, moi non plus, ce genre de surprise.

---

[7] FUNAI est l'acronyme de Fundação Nacional do Indio (Fondation Nationale de l'Indien), organisme gouvernemental brésilien chargé de cartographier et de protéger les terres traditionnellement habitées et utilisées par les communautés indiennes, d'élaborer et d'appliquer les politiques relatives aux peuples indigènes. (NdT)

— Va poser ta valise dans la chambre d'ami puis rejoins-nous pour le dîner. Après, tu pourras regarder la télé ou faire ce que tu voudras. Moi, je dois travailler à mon nouveau bouquin. Demain, à partir de midi, j'aurai une heure à te consacrer.

Je me suis contenté de lui répondre par un rictus amusé. Je le connaissais bien ! Dès qu'il saurait pour quelle raison j'étais venu, il se redemanderait combien de temps il pourrait vraiment m'accorder.

J'ai donc transporté mon bagage dans la chambre d'ami, salué au passage Willi, le secrétaire d'Éric, qui trônait dans son bureau et faisait comme à l'accoutumée des heures supplémentaires, puis j'ai pris un livre et me suis allongé sur le lit pour tuer le temps qui restait jusqu'au dîner.

Celui-ci constituait l'occasion journalière de réunir le cercle de famille auquel, bien évidemment, Willi était associé. Durant le repas, Éric s'est enquis de façon tout à fait annexe :

— Dis donc, qu'est-ce qui t'amène ici ? Pourquoi n'as-tu pas appelé avant de te pointer comme ça, sans crier gare ?

— Ce n'est pas mon style, je le sais bien, mais tu as sûrement déjà entendu parler des décisions spontanées qui se prennent quasiment sans réfléchir. C'est mon cas aujourd'hui. En outre, ça n'aurait avancé à rien que je te donne juste quelques bribes d'informations. Mais si tu le juges utile, je te résume tout de suite la situation.

— Allons, arrête de…

Willi est intervenu :

— Vous ne pouvez pas attendre la fin du dîner pour vous chamailler ? Vous risquez de me couper l'appétit !

— Ce serait bien la première fois que tu n'aurais plus faim au milieu du repas, lui ai-je rétorqué. Mais tu as raison, restons en là pour le moment. Tout à l'heure,

Éric n'aura qu'à remonter dans son bureau s'il a encore du travail avant d'aller se coucher. Et moi, je te raconterai, *à toi*, pourquoi je suis venu.

J'ai vu Éric pincer les lèvres. La curiosité le gagnait, mais il ne voulait pas se déjuger en public en m'interrogeant tout de suite.

Le dîner était parfait, comme à chaque fois. Plus tard, nous nous sommes installés au salon, face à la cheminée où dansait un feu vacillant, prêts à boire un bourbon en guise de digestif. Willi a grimacé sous cape, se retenant de sourire, car son patron est venu se joindre à nous au lieu de retourner dans ses quartiers.

— Bon, en fin de compte, rien ne presse tant que ça, a-t-il bougonné-t-il en s'asseyant.

Il m'a fixé, et lancé :

— Alors ?

— Santé ! ai-je répondu-je en levant mon verre. À cette soirée !

— Si tu ne te mets pas immédiatement à table, m'a menacé Éric, nous rattrapons dès à présent ce baptême de la ligne manqué l'an dernier. Et en bas, à la cave !

Je me suis confortablement adossé dans mon fauteuil et j'ai commencé à raconter. Tout, depuis le début, sans cependant mentionner le moindre détail de l'étrange affaire avec Numéro Un. À mon étonnement, je n'ai pas été interrompu une seule fois. Éric n'a pris la parole que quand je me suis tu.

— Ça sonne comme une histoire de science-fiction. Tu es sûr de ne pas avoir rêvé ? Des souvenirs d'une vie antérieure... ! L'Amérique du Sud, les dieux... Ce serait un hasard extraordinaire !

— Je ne peux que répéter ce que mes oreilles ont entendu, et l'hypnotiseur ne pouvait absolument pas savoir ce que je voulais vraiment. La description des lieux était précise : le grand fleuve au nord, le lac, la montagne, les sommets jumeaux, puis l'à-pic plongeant vers le Rio Negro. Tout colle au poil près.

— Nous avons dans les archives les photos que Ferdi a ramenées de sa dernière expédition, a déclaré Willi. Et on y voit des montagnes.

— Va les chercher ! lui a intimé Éric qui semblait avoir totalement oublié son intention initiale de travailler. Toutefois, il les a prises à assez grande distance parce qu'il ne pouvait pas se rapprocher davantage. Et sinon, il y a la question de savoir s'il s'est bien rendu dans la région dont tu parles.

Il s'est soudain enfoncé dans une profonde méditation tandis que Willi montait récupérer les photos. Je suis demeuré silencieux, et j'ai patienté. En moi, les premiers doutes s'installaient. Ne m'étais-je pas précipité un peu trop vite ? Éric ne me pardonnerait jamais de le lancer sur une piste si, plus tard, elle s'avérait fausse. D'un autre côté, me consolais-je, la décision lui appartenait en propre. Moi-même, je ne me risquerais pas seul à une telle expédition.

Willi est revenu avec les photos et les a étalées sur la table. Nous avons écarté d'entrée toutes celles prises depuis le bateau qui avait transporté Ferdi et ses accompagnateurs indiens de Manáos vers le nord-ouest puis, plus tard, directement vers le nord. Les images étaient classées par ordre chronologique, de sorte que nous n'avons guère eu de mal à vite trouver celles que nous cherchions.

— Ils ne sont pas allés plus loin, a marmonné Éric en contemplant les montagnes qui apparaissaient, tout juste esquissées, à travers la brume. Deux sommets côte à côte, as-tu dit ? Je ne vois guère que ceux-là, une paire de pics situés pile l'un derrière l'autre.

— La perspective ! lui ai-je rappelé. C'est depuis le haut plateau qu'ils doivent avoir l'air d'être l'un à côté de l'autre. Et aussi depuis le sud…

Éric m'a fixé en écarquillant les yeux, puis il est revenu aux photos.

Un long silence s'est installé. Enfin, Willi a lâché sur un mode laconique :

— Nous devrions peut-être nous en convaincre personnellement…

Son patron lui a lancé un regard interrogateur, et le secrétaire a précisé :

— En allant y voir nous-mêmes !

Éric a repoussé les photos vers le centre de la table.

— Vous êtes malades ! s'est-il emporté juste avant de compléter, sans reprendre son souffle : va jeter un œil à notre agenda, Willi, et dis-moi quels rendez-vous importants nous avons pour les mois à venir…

Une fois les préparatifs bouclés, je n'avais plus que cinq mois. À Manáos, Ferdi avait été mis au courant. Nous le rejoindrions à Ciudad Bolivar, au nord du Venezuela, où il nous attendrait. La ville se trouvait sur l'Orénoque, que nous voulions emprunter pour la suite du voyage. Nous tablions sur le fait de pouvoir remonter le fleuve sur mille kilomètres, et peut-être davantage. Le reste, nous devrions le parcourir à pied.

— Ça ferait encore bien deux cents kilomètres, a répété Éric au moins pour la dixième fois depuis que nous avions décollé d'Oslo et laissé les nuages en dessous de nous.

La marche semblait être son principal souci, et il n'était pas le seul.

— C'est bon pour la ligne, a doctement énoncé Willi en indiquant d'un signe à la ravissante hôtesse qu'il voulait commander son premier sandwich.

Il pouvait se le permettre, lui ! Pas besoin de régime…

— En outre, a-t-il ajouté, il nous faudra éviter de traîner des tonnes de vivres. Nous nous contenterons de l'essentiel.

Le vol jusqu'à New York s'est passé agréablement, comme à l'habitude. Après une brève escale, nous sommes repartis pour Caracas, où nous nous sommes posés dans la nuit et où l'on nous a conduits à l'hôtel.

Une stupéfiante nouvelle nous y attendait. Le portier nous a remis une lettre de la part de Ferdi.

— C'est probablement en rapport avec l'avion privé pour Ciudad, a supposé Éric tandis que l'ascenseur nous emmenait à l'étage où nous avions des chambres voisines. Il doit y avoir du changement dans le plan de vol.

Il n'a ouvert l'enveloppe que quand la porte coulissante s'est refermée derrière nous, et il a lu à haute voix :

« J'ai trouvé une meilleure solution pour nous épargner du temps et de la fatigue. J'ai réussi à convaincre le pilote de nous porter directement jusqu'à Puerto Carreno, au confluent de la Meta et de l'Orénoque. Le bus nous conduira ensuite à Samariapo, à cent cinquante kilomètres, où nous attend le bateau. L'Orénoque est navigable jusqu'après San Antonio, peut-être même plus loin si les conditions sont favorables. Puis nous aurons des routes, presque jusqu'à notre région de destination. N'est-ce pas miraculeux ? Toutes mes salutations, et à très bientôt. Signé : Ferdi. *Post scriptum* : je suis à la chambre 407. »

Éric a rangé la lettre et nous a dévisagés.

— C'est la chambre juste à côté ! Décidément, ce Ferdi est incroyable ! Réveillons-le, il ne l'a pas volé !

Évidemment, nous ne sommes allés au lit qu'aux premières lueurs de l'aube, aussi épuisés que des jeunes chiens après leur première nuit de maraude.

Après une journée de repos, nous nous sommes rendus à l'aéroport où l'appareil loué par Ferdi nous attendait dans un petit hangar situé à l'écart des bâtiments principaux. Juan, le pilote, était un métis. Il inspirait confiance et parlait un peu anglais. Nous avons vérifié qu'il y avait dans la cabine un réfrigérateur garni des boissons adéquates, puis le départ a été fixé au lendemain dans la matinée.

— Comment se prévoit exactement la suite du voyage ? s'est enquis Éric alors que nous étions installés au bar de l'hôtel, dans la soirée, après le dîner. Tu as une carte ?

Il n'y avait pas à craindre d'indiscrétion. Hormis le barman, nous étions seuls. Ferdi semblait n'avoir attendu que cet instant. Il a déplié avec fierté et grand soin, sur la table, la carte qu'il avait sortie de sa poche.

— Voici Puerto Carreno, à quatre cent cinquante kilomètres d'ici à vol d'oiseau, vers le sud. Nous y serons en deux heures. Il nous faudra un peu plus de temps pour que le bus nous amène à Puerto Ayacucho, même s'il y a à peine quatre-vingts kilomètres. Ensuite, la route est assez bonne, avec un trafic normal, jusqu'à Samariapo. C'est là que le bateau nous attend. Nous remonterons le fleuve en longeant les montagnes, passerons San Fernando, Santa Barbara, plusieurs autres bourgades et débarquerons à San Antonio, où le bateau restera jusqu'à notre retour.

Éric a tapoté du doigt sur la carte.

— Et après ? Il n'y a aucune route dessinée, et l'Orénoque paraît encore tout à fait navigable.

— Nous le vérifierons une fois à San Antonio. Si la hauteur d'eau est suffisante, nous pourrons pousser sur environ cent vingt kilomètres jusqu'à Piedra Lais. Et même jusqu'au lac Mavaca, si nous avons une chance insolente. Mais ce sera le bout du bout. Car c'est le début de la zone montagneuse, avec des rapides et des chutes. Du lac à la Sierra Imeri, il n'y a toutefois qu'un saut de puce.

— Elles couvrent quelle longueur, les puces, chez toi ? me suis-je enquis avec un sourire.

Ferdi a ricané.

— Au maximum cent kilomètres.

— Et si les eaux sont trop basses ?

—Alors nous louerons un véhicule à San Antonio ou à Piedra Lais. Il y a des pistes qui partent vers le sud et relient les villages… (Ferdi les pointait de l'index.) Caspibara, Paciba, El Mango et Santa Rosa. Une fois là-bas, nous ne serons plus très loin, à peu près deux cents kilomètres.

— Deux sauts de puce, donc, a ironisé Willi.

— Nous y arriverons, a assuré Ferdi, plein de confiance, en jetant un œil sur sa montre. Bon, je vais me coucher. La journée de demain sera longue.

Nous avons vidé nos verres. Notre ami avait raison, mieux valait aller dormir.

Le lecteur de ce récit doit certainement se demander, une fois encore, quel rapport il peut y avoir entre ce voyage chez les Indiens d'Amazonie, mon histoire proprement dite et l'énigmatique Numéro Un. Patience ! Ce rapport existe bel et bien, et le périple s'est avéré fournir réponse à une question importante. En clair, pourquoi l'on ne peut trouver de par le monde d'indice palpable relatif à la présence sur notre planète, dans le passé, d'une civilisation technologiquement avancée.

Et aussi pourquoi, dans le cas où l'on en trouve, ces indices s'ingénient à bien vite disparaître.

Notre appareil s'est posé sur la piste de terre battue, bourrée d'ornières, de Puerto Carreno et a roulé en cahotant jusqu'à son immobilisation complète. De toute évidence, cette bande à peine entretenue n'était destinée qu'au trafic privé. Le pilote a reçu le paiement convenu et s'est hâté de reprendre l'air, comme si le choléra s'était abattu sur la ville.

Il était encore tôt dans la journée. En l'absence de taxi, nous sommes partis à pied afin de dénicher l'arrêt de bus. Notre impressionnant paquetage ne manquait pas d'attirer l'attention, et à peine avions-nous parcouru cent mètres qu'une Ford pas mal décatie, datant du début du siècle, a stoppé à notre hauteur. Un Indien s'est penché vers nous et a dit quelque chose que je n'ai pas saisi. Ferdi, lui, avait compris.

— Il veut bien nous emmener ? a demandé Éric d'un ton vibrant d'espoir.

Il transpirait déjà de tous ses pores.

— Jusqu'à Samariapo, a annoncé Ferdi avec un air de triomphe. Nous pouvons monter !

— Ça va nous coûter une fortune ! a objecté Willi. En outre, j'ignore si cette charrette tiendra plus de dix bornes sans tomber en morceaux.

— J'accepte le risque, a tranché Éric en attendant que le conducteur vienne ouvrir la malle arrière.

Celle-ci ne pouvait accueillir que la moitié de notre fourbi, et nous avons dû prendre le reste sur nos genoux. Puis a commencé un voyage mémorable.

Peu avant son confluent avec la Meta, nous avons traversé l'Orénoque sur un bac qui semblait prêt à sombrer à tout instant. L'eau venait laver les roues de notre voiture, mais notre chauffeur se contentait d'un sourire ironique en voyant nos mines affligées.

En fait, la route jusqu'à Puerto Ayacucho s'est avérée plutôt carrossable. Le problème a été la panne d'essence qui est survenue à mi-distance. La Ford a encore roulé un peu, puis s'est immobilisée pour de bon. Nous étions déjà l'après-midi, et il n'y avait pas la moindre habitation au voisinage. Notre conducteur a affiché son habituel rictus grimaçant, a tenté de relancer la mécanique, mais le moteur n'a pas redémarré.

— Demande-lui ce qu'il compte faire, a insisté Éric auprès de Ferdi. Il y a une station-service dans les parages ?

Notre guide s'est entretenu un moment avec l'Indien et a finalement paru admettre son point de vue. L'air peu enthousiaste, il nous a alors annoncé :

— Voilà où nous en sommes : Puerto Ayacucho est encore à environ dix kilomètres, et il n'y a que là-bas qu'on trouvera de l'essence.

— Allons-nous devoir traîner nos bagages, ou bien pousser la charrette ?

— Ni l'un, ni l'autre. C'est lui qui ira chercher du carburant.

— Dix bornes dans un sens, dix bornes dans l'autre ? Il ne sera jamais de retour avant la nuit !

— Il nous dit de l'attendre, de ne pas nous inquiéter et de profiter de l'instant présent. Il a oublié de refaire le plein, un point, c'est tout. Et il a été le premier surpris de tomber en rade aussi vite. Regardez donc sur la droite, mes amis : c'est l'Orénoque. Magnifique, n'est-ce pas ? Nous allons avoir quelques heures pour apprécier cette vue grandiose.

Au fond, Ferdi avait raison. Nous en avons convenu après une courte discussion qui, quelle que fût son issue, ne pouvait rien changer à la situation. Notre chauffeur était déjà parti depuis belle lurette avec son bidon. Non sans nous avoir au préalable assurés qu'aucun autre véhicule ne passerait sur la route d'ici le lendemain, car nous étions un jour férié. Ici, semblait-il, l'on n'utilisait sa voiture que pour le travail.

Sur la gauche, le terrain s'élevait en pente de plus en plus marquée vers la Sierra Guanay. À droite, par-delà l'Orénoque, une plaine verdoyante s'étendait jusqu'aux montagnes qui se dressaient sur l'horizon distant. Tout avait l'air très accueillant, tranquille et figé dans un ordre immuable. Mais, je le savais, la forêt vierge dégage toujours une telle impression, vue de loin.

Nous sommes sortis de l'étroit habitacle pour nous asseoir sur des couvertures. Willi et moi avons bu une bouteille de bière tiède et englouti une boîte de *cornedbeef*. Éric a refusé toute boisson ou nourriture. Ferdi, lui, s'est contenté d'un morceau de saucisse sèche.

Peu à peu, l'obscurité s'est installée. Aucun de nous ne transpirait plus depuis un bon moment. Il faisait frais, même si nous n'étions qu'à six degrés au nord de l'Équateur. Éric commençait déjà à loucher sur les sacs de couchage lorsqu'au sud, loin sur la route, a surgi une silhouette humaine qui se rapprochait de nous.

Notre chauffeur, avec son bidon d'essence !

Nous l'avons accueilli comme s'il avait été le souverain d'un puissant empire et venait apporter les miracles du progrès à notre civilisation primitive. Ému par cette réception, il a vidé le jerrycan dans le réservoir de sa voiture, nous a aidés à rembarquer nos affaires et s'est assis au volant. Ferdi nous traduisait son monologue ininterrompu.

— Il complètera son plein à la station-service puis nous emmènera à Samariapo, où il y a un bon hôtel. Ce brave homme a couru vingt kilomètres en trois heures, nous lui devons bien de lui payer une nuit confortable.

— Il aura même un pourboire supplémentaire, a promis Éric, grand seigneur. Nous y serons quand, à l'hôtel ?

— Vers minuit.

— Espérons qu'ils ne seront pas tous en train de roupiller…

Samariapo était un trou, telle a été ma première estimation, où ne devaient pas vivre plus de mille âmes. Néanmoins, l'hôtel était tout à fait acceptable. Nul doute qu'il ait été amélioré depuis lors, car à l'époque, il fallait aller chercher l'eau à la fontaine de la cour avec un seau. Éric a mis un point d'honneur à se plier à de telles contingences tout en se disant qu'il avait déjà quitté les contrées où régnait la civilisation. Des traces en apparaissaient encore – ou plus exactement *déjà*.

Après douze heures d'un sommeil réparateur dont nous avons émergé vers midi pour prendre un copieux petit déjeuner, nous nous sommes rendus au port pour aller voir notre bateau. Ferdi avait tout organisé, mais nous ne saurions jamais comment il avait accompli de tels prodiges. En tout cas, l'embarcation prévue nous attendait sagement amarrée à un ponton. Nous avons vu venir vers nous son capitaine et propriétaire, un sourire radieux sur la figure. C'était un Indien à cent pour cent.

J'ai failli tomber à la renverse en apprenant qu'il parlait l'allemand, en plus de l'anglais et de l'espagnol. En fait, il mêlait assez habilement les trois langues pour que nous le comprenions le mieux possible.

L'homme s'appelait Ratunko.

— Ratunko tout court, a-t-il insisté.

J'apprendrais plus tard qu'il avait servi comme marin dans de nombreux pays, et même travaillé un ou deux ans à Hambourg comme mécanicien. Puis le mal du pays avait fini par le rattraper, et il avait regagné sa patrie où il était devenu une sorte de petit roi. Il possédait un gros bateau adapté à la navigation fluviale, cabotant entre Samariapo et Ciudad Bolivar pour ravitailler les villages intermédiaires en biens de première nécessité.

Par ailleurs, il louait également deux vieilles voitures quasiment à bout de souffle à des Indiens fortunés ou à des étrangers qui surgissaient de temps à autre, supposant pouvoir trouver des diamants dans la région, mais n'en dénichant jamais l'ombre d'un.

Enfin, il était propriétaire d'un « bateau d'exploration des contrées sauvages », une embarcation à fond relativement plat capable de naviguer sur seulement cinquante centimètres d'eau. Ce serait notre canot.

Long de sept mètres et d'une largeur inhabituelle, il pouvait emporter une quantité notable de fret. La présence d'une superstructure métallique indiquait que l'on pouvait déployer une voile pour se protéger d'un soleil trop vif ou une bâche pour s'abriter de la pluie, selon les conditions du moment. Et sa coque particulièrement basse confirmait son très faible tirant d'eau.

Nous nous sommes enquis du niveau des rivières que nous allions emprunter, et Ratunko a répondu :

— Nous pourrons les remonter très loin, car le débit est plus fort que jamais. Les montagnes ont été très arrosées ces derniers temps. J'ai un moteur très puissant qui permet d'affronter les rapides. Mais on n'en rencontrera pas avant Piedra Lais, quand nous nous rapprocherons des massifs. Je connais bien ces contrées, car l'ancien territoire de ma tribu se situe plus au sud.

Nous sommes restés un jour de plus à Samariapo, ce qui nous a permis de renouveler nos provisions de voyage et de charger tous nos bagages sur le bateau.

Puis nous avons passé notre première nuit à bord afin de nous habituer à dormir dans les hamacs que l'on pouvait aisément accrocher entre les supports de l'armature métallique.

Au matin suivant, le moteur a démarré dès la première tentative. Notre embarcation s'est éloignée de l'appontement et s'est positionnée sans peine contre le courant encore assez faible.

Sur la rive, quelques dizaines d'autochtones muets comme des carpes nous ont regardés partir, puis ils ont regagné leurs pitoyables logis.

Il nous a fallu six jours pour couvrir les quelque trois cents kilomètres qui nous séparaient de San Antonio. Dans cette petite bourgade étaient entreposés des fûts de carburant qui appartenaient à Ratunko. Notre escale a duré à peine une heure, puis nous sommes repartis. Il n'y avait pas un jour de plus à perdre.

Cinquante kilomètres plus loin, l'Orénoque se rétrécissait un peu et le courant s'est fait plus fort. Notre capitaine n'a prêté aucune attention à quelques rapides inoffensifs. Ferdi ne cessait d'étudier la carte et de la comparer aux données géographiques réelles. Il avait l'air satisfait.

La plupart du temps, Éric était allongé à l'avant, sur le pont, et regardait dans le sens de la marche. La joie de l'aventure et l'expectative impatiente brillaient dans ses yeux. Willi et moi restions à proximité de Ratunko, qui devait en permanence répondre à nos questions.

L'escale à Piedra Lais a duré une journée. Sitôt à terre, notre pilote a été entouré par les habitants du village. Tous semblaient le connaître. Il nous a fait signe de la main, et il a disparu avec eux entre les huttes.

Nous avons passé une nouvelle nuit à bord et, à notre grand soulagement, Ratunko s'est pointé pile à l'heure convenue, le lendemain matin.

— Même le Mavaca a assez d'eau, nous avons de la chance, a-t-il annoncé. Nous pourrons naviguer jusqu'au lac. Des amis à moi y sont allés pêcher il y a quelques jours.

Le cours de l'Orénoque empruntait toujours une large vallée bordée de part et d'autre par des montagnes. Le courant demeurait supportable, mais nous progressions un peu plus lentement qu'avant. Ratunko nous a avertis que nous aurions bientôt à franchir trois rapides relativement difficiles, et que nous devrions peut-être descendre pour pousser le bateau.

Éric a relevé le nez.

— Descendre pour pousser, j'ai bien entendu ?

Ferdi s'est hâté d'intervenir pour éviter toute incompréhension. Tandis que Ratunko guidait l'embarcation dans l'embouchure du Mavaca, il a précisé :

— Le lac est encore à cinquante kilomètres. Si la puissance du moteur ne suffit pas pour passer l'un des rapides, nous prendrons un bain, voilà tout ! Certes, l'eau est fraîche, car elle arrive des montagnes, mais qu'est-ce que ça peut faire ? Il faudra alléger le bateau, sinon nous resterons plantés sur les rochers.

Qui vivra, verra... me suis-je dit, philosophe.

Les premiers rapides se sont présentés avant la tombée de la nuit. Déjà perceptible de loin, leur rumeur s'est mise à enfler pour se muer en un grondement infernal. Sans en avoir l'air, j'ai dévisagé l'Indien qui tenait la barre, mais il affichait une mine imperturbable. Cela m'a considérablement rassuré.

Éric m'a lancé un regard inquiet, et j'ai haussé les épaules. Quoi faire d'autre ?

Tout s'est passé pour le mieux. L'eau était assez profonde, et le moteur assez costaud. Ratunko a évité les rochers avec une maîtrise parfaite qui m'a empli d'espoir et a renforcé ma confiance.

Nous avons jeté l'ancre au calme dans une crique, sans toutefois débarquer. Il y avait dans les parages, semblait-il, des serpents venimeux et des fourmis légionnaires extrêmement dangereux. En outre, nous étions trop fatigués pour chercher un lieu de campement où nous pourrions allumer un feu et réchauffer nos conserves. Nous nous sommes contentés d'un repas froid avant de grimper dans les hamacs et de nous envelopper dans nos couvertures.

Peu après l'aube, Ratunko a fait démarrer le moteur et a relevé l'ancre. L'eau était tranquille, mais le courant n'a pas tardé à s'accentuer de nouveau. De loin, nous avons commencé à entendre les rapides suivants. Cette fois, il nous a fallu nous mouiller et pousser le bateau dont le pilote paraissait quelque peu se réjouir de rester assis à la barre tout en braillant des ordres de manœuvre.

Nous avons manqué perdre Willi quand il a malencontreusement dérapé sur une pierre glissante. Mais il s'est raccroché *in extremis* au plat-bord. Il était plutôt pâle lorsqu'il a grimpé dans l'embarcation dès que nous nous sommes éloignés des rochers.

Vers la fin de l'après-midi, alors que s'annonçaient encore à distance les troisièmes rapides, Ratunko nous a informés :

— Le lac est juste derrière, nous l'atteindrons ce soir.

J'ai regardé la carte que tenait Ferdi.

— Pourquoi ne pas continuer tout simplement à remonter le Mavaca ? Sa source se trouve à peu près là où nous voulons aller.

— Tout de suite après le lac, ce ne sont que chutes et écueils, a expliqué Ratunko. Rien de bon pour le bateau. Vous devez poursuivre à pied, toujours vers le sud.

Il nous a bien fallu deux heures pour franchir les derniers rapides, en nous ménageant çà et là une pause pour souffler. Et soudain, sans transition, nous nous sommes retrouvés en eau calme. Sur la droite débouchait un affluent aussi rectiligne qu'un canal, dans lequel Ratunko a engagé le bateau. Peu après, son cours s'est élargi. Nous étions sur le lac.

Cette fois, nous avons débarqué à terre pour la nuit. La rive était un peu en surplomb et totalement sèche. Ratunko nous a aidés à décharger nos bagages, a donné les derniers conseils à Ferdi et a promis de venir nous attendre ici même dans trois semaines.

Je n'ai pas vraiment bien dormi. L'idée que la partie la plus rude de notre entreprise se trouvait encore devant nous me harcelait. Mais en pensant au papier couvert de signes étranges que nous avait remis notre pilote, et que nous devions montrer aux Indios, je sentais la confiance remonter en moi, et j'ai fini par sombrer dans le sommeil.

Nous avons suivi le cours du Mavaca, dont la vallée se rétrécissait progressivement en un étroit canyon. La rumeur de ses eaux tumultueuses nous a accompagnés dans notre ascension jusqu'au bord du haut plateau que nous avons traversé en ligne droite vers le sud. Des sommets se dessinaient à l'horizon. C'étaient les cimes des montagnes par-delà lesquelles nous descendrions vers le Rio Negro.

Malgré l'altitude quasi constante, il faisait assez chaud à la mi-journée et nous avons fait halte à l'ombre d'un bouquet d'arbres.

— Le bled dont a parlé Ratunko est encore loin ? s'est enquis Éric en s'épongeant le front.

— Environ vingt kilomètres, a estimé Ferdi d'après sa carte. C'est là-bas que nous rencontrerons Katchou, notre futur guide. C'est un ami de Ratunko qui a déjà souvent fréquenté la civilisation.

— On y arrivera d'ici ce soir ?

— Peut-être, à condition de ne pas nous éterniser à paresser sous ces arbres…

Chacun d'entre nous portait sur son dos une charge avoisinant les trente kilos. En supplément, Ferdi avait cette Winchester dont il ne se séparait jamais pour des expéditions de ce genre. Malgré cela, nous avons pu avancer sur un bon rythme et les premières huttes nous sont apparues juste avant la tombée du jour. Un feu brûlait au milieu d'un endroit dégagé, et des silhouettes se déplaçaient en un véritable ballet d'ombres.

Ferdi a lancé quelques paroles de salut en indio, tout en agitant le papier remis par Ratunko. Les hommes du village d'Aracamuni sont venus à notre rencontre, d'abord avec un air méfiant, puis leur expression s'est faite amicale. Ils devaient nous attendre.

Ont suivi de longues palabres, autour du feu, sous la présidence de Katchou. Il faisait en quelque sorte office d'agent de liaison entre les siens et le monde des Blancs. Comme les autres membres de sa tribu, il portait un pantalon de lin et une chemise multicolore. Les femmes, quant à elles, paradaient avec fierté dans leurs habits de confection bon marché.

Avec nous, Katchou parlait espagnol. Un peu plus tard, il nous a conduit à une hutte propre et bien rangée qu'il nous a désignée comme étant notre « hôtel ». Il a encore échangé quelques mots avec Ferdi, puis il a disparu.

Nous n'avons pas discuté très longtemps, et avons vite étendu nos couvertures sur le sol de glaise sèche avant de nous glisser dans nos sacs de couchage que nous avons refermés jusqu'au cou. Pendant encore un moment, nous avons entendu les hommes continuer à parler autour du feu, dans un brouhaha où la voix très caractéristique de Katchou semblait résonner sans répit.

Au bout de deux jours, nous avons atteint le pied de la chaîne de montagnes qui marquait la frontière entre le Venezuela et le Brésil. Sans cesse, je cherchais du regard les sommets jumeaux dont la description avait été si précise qu'aucune erreur ne me paraissait envisageable. Mais je voyais tant et tant de monts isolés ou serrés les uns près des autres que j'en étais totalement déboussolé.

Ferdi a remarqué mon inquiétude.

— Il est encore trop tôt. Nous devons passer de l'autre côté du massif qui matérialise la ligne de partage des eaux. Là-bas, le premier cours d'eau devrait être le Cauabari, qui se jette dans le Rio Negro. Et nous serons à l'orée de la forêt vierge. Dès que nous apercevrons deux montagnes à l'allure particulière, depuis la plaine qui précède les rives du fleuve, nous serons au but.

— Les bosses d'un chameau, avec des sommets arasés… ai-je murmuré.

Katchou semblait connaître la région comme sa poche. Il a tout de suite trouvé le col qui permettait de franchir le massif. Il y avait même une sorte de sentier qu'il nous suffisait de suivre. Nous avons passé la nuit à l'abri d'un promontoire rocheux et sommes repartis très tôt le lendemain matin.

Devant nous s'étendait la Sierra Imeri.

Elle n'avait rien de ce que je me représentais comme une plaine ! Il s'agissait plutôt de collines montagneuses. Quelque part à l'est naissait le Cauabari, qui coulait d'abord vers l'ouest puis obliquait vers le sud. Notre objectif devait se situer à proximité de sa source.

— Nous allons avoir affaire à des Piarontas, une tribu apparentée aux Indiens Piaroa, a précisé Katchou alors que nous progressions vers le sud-est. Mon village a des rapports avec ses membres, ce sont des gens amicaux.

Il commençait à faire sombre quand nous avons aperçu de la fumée qui montait au loin.

— C'est leur village ! a dit Katchou. Ils nous attendent.

Éric lui a jeté un regard étonné, et notre guide a souri.

— Vous n'avez pas entendu les tambours, pendant la nuit…

Le Cauabari était une rivière large à l'eau d'une clarté cristalline. Nous avons suivi son cours jusqu'à ce que les premières huttes se dessinent devant nous. Elles se dressaient sur un plateau nivelé, entourées de champs et de bouquets d'arbres épars qui constituaient des vestiges de la forêt primitive.

Tandis que mes compagnons examinaient le village et ses habitants qui venaient à notre rencontre avec une prudente lenteur, j'ai tourné le regard vers la gauche en direction des montagnes. En avant de la chaîne proprement dite, deux éminences particulières dominaient les collines du haut plateau. On eût dit les bosses d'un chameau, et leurs sommets semblaient arasés.

Ce n'était pas un hasard !

Cette jeune femme, à Munich, même si elle n'avait jamais quitté l'Europe, devait avoir vu ces montagnes jumelles. Sinon, jamais elle n'aurait pu les décrire avec autant de précision.

Nous étions bien arrivés à destination.

Le chef Chintero, qui avait bien connu feu le père de Katchou, a salué ce dernier de façon particulièrement amicale. Il a traité les quatre étrangers que nous étions avec une dignité un peu figée, par laquelle il essayait de dissimuler son respect à notre égard. Il ne se doutait évidemment pas du vrai motif de notre venue, mais il était manifestement fier de voir des Blancs civilisés lui rendre visite.

Alors que nous tendions nos hamacs dans la hutte qui nous avait été attribuée, j'ai annoncé la bonne nouvelle.

— J'ai trouvé les montagnes jumelles, Éric. En tout point conformes à la description que j'en avais eue. L'erreur est exclue. Elles sont au nord, à environ cinq kilomètres.

— Ce sera celle de droite ou celle de gauche ? m'a-t-il demandé, montrant ainsi qu'il les avait lui aussi remarquées.

— Il devrait y avoir un temple ou une pyramide sur le sommet *ad hoc*, lui ai-je dit. Nous pourrons interroger Chintero demain.

— Pas directement, car ça le rendrait curieux, voire méfiant. Tu n'auras qu'à me laisser faire. Le grand-prêtre n'a pas cessé de me tourner autour depuis notre arrivée. Je vais lui causer des pyramides d'Égypte et du Mexique, peut-être que ça titillera sa fierté…

— C'est une approche très subtile, a approuvé Willi avant de s'endormir.

Durant la nuit, j'ai rêvé des choses les plus invraisemblables et, à mon réveil, j'étais tout sauf frais et dispos. De surcroît, au chant du coq, les Piarontas ont jailli de leurs huttes et se sont mis à faire un vacarme infernal. Plusieurs hommes se préparaient pour partir à la chasse pendant que les femmes commençaient à remplir une immense auge de bois avec une mixture épaisse et peu ragoûtante, qu'elles se sont ensuite mises à fouler. Cela ne présageait rien de bon, à mon sens, et j'en ai eu un haut-le-cœur.

— Tu ne seras pas privé de bière, m'a lancé Ferdi avec un air narquois, elles sont en train d'en fabriquer. Il y a déjà belle lurette que ce bouillon de sorcières doit fermenter. Je parie qu'on donnera ce soir une fête en notre honneur !

— L'occasion idéale de faire boire le grand-prêtre et de le rendre loquace, a ajouté Éric.

Nous avons passé la journée dans l'oisiveté, ce qui m'allait très bien. Mon regard ne cessait de couver les montagnes jumelles dont l'une recelait peut-être la solution aux plus formidables mystères de tous les temps, à savoir, d'une part, la preuve que la réincarnation était une réalité et, d'autre part, que la Terre avait jadis reçu la visite d'êtres venus du cosmos.

Willi avait déballé son appareil photo et prenait cliché sur cliché de tout ce qui se présentait devant son objectif.

Mes pensées tournaient sans trêve autour du médium de Munich. Il faisait chaud sur la berge du fleuve, avait dit la jeune femme. Or, le village se trouvait au bord d'une simple rivière, et la température y était bien moins élevée que dans les basses terres. Soit le climat avait changé en treize millénaires, soit les Piarontas avaient émigré des vallées pour s'installer en altitude.

Alors que le jour déclinait et que la fête commençait, j'ai lancé un dernier coup d'œil vers les montagnes jumelles. Celle de droite était déjà plongée dans l'ombre, tandis que celle de gauche accrochait encore les derniers rayons du soleil. Une correspondance de plus !

Au milieu de la place du village brûlait un feu gigantesque sur lequel grillaient des morceaux de viande. Pendant que les garçons et les jeunes filles dansaient sous la conduite des prêtres, Chintero faisait circuler la cruche contenant la boisson festive. Ce breuvage avait goût de tout, sauf de bière, mais il était assez alcoolisé pour faire l'effet escompté.

Avec Ferdi, j'ai entrepris Chintero dans l'idée de savoir quelles vieilles légendes et traditions orales propres à sa tribu il pouvait connaître. Dommage… Le chef est tout à coup devenu très avare de paroles et, de plus en plus imprégné d'alcool, s'est mis à bredouiller avant de s'endormir en position assise.

Éric a semblé plus chanceux. Après la danse, alors que les jeunes hommes étaient maintenant autorisés à boire de la bière, je l'ai vu disparaître entre les huttes avec le grand-prêtre. Leur discussion était animée ; hélas, pas moyen d'en capter un traître mot...

Vers minuit, une demi-douzaine de femmes ont traîné le chef jusqu'à sa cabane. La fête était finie. Nous nous sommes retirés et, ô surprise, avons trouvé Éric déjà allongé dans son hamac. À en juger d'après son sourire radieux, il avait eu du succès.

En effet, il avait réussi à arracher quelques informations d'importance au grand-prêtre. Sur le plateau sommital de la montagne de gauche devaient se cacher, sous la végétation folle, les ruines d'un ancien temple autrefois bâti par les « pères des pères ». De ce lieu jadis sacré, presque plus personne ne se souvenait aujourd'hui.

— Plus loin vers le nord, au pied du massif, existent des accès à de vastes grottes que nul n'a jamais explorées. La légende qu'on pourra les emprunter seulement à l'approche de la fin du monde. Et comme tout semble indiquer qu'on ne l'attendra plus très longtemps, je suggère que nous y allions voir.

Malgré l'heure tardive, une discussion animée s'est ensuivie jusqu'à ce que la fatigue nous submerge. Le silence s'est installé dans la hutte, et le sommeil nous a ouvert les bras.

Le lendemain, Katchou et deux jeunes de la tribu nous ont accompagnés jusqu'aux monts jumeaux. Ils portaient nos tentes biplaces assez légères, nos sacs de couchage et quelques provisions, car nous n'étions pas certains de rentrer au village dès le soir même.

Nous avons suivi le sentier, peu fréquenté, puis attaqué au bout d'une heure l'ascension qui ne s'est pas avérée trop pénible, et nous sommes arrivés sans encombre sur le plateau. Celui-ci était dénué de tout relief, excepté un amoncellement de pierres formant un dôme haut d'à peu près deux mètres qui me rappela un tumulus.

Dès le premier regard, il était aisé de discerner les quartiers de roc, façonnés par la main de l'Homme, qui avaient servi à construire le temple même si nombre d'entre eux avaient été érodés et les autres s'étaient fragmentés. Une couche d'humus les recouvrait, offrant une quantité suffisante de nutriments pour l'herbe, les plantes envahissantes et les petits buissons.

Nous étions passablement déconcertés.

— Il pourrait bien s'écouler de semaines avant que nous n'ayons déblayé tout ce qui s'est éboulé, a déclaré Willi, défaitiste. Nous n'avons pas le moindre outil !

— À part nos mains, a rétorqué Éric en se penchant et en faisant rouler de côté une grosse pierre. Eh, vous voyez, ce n'est pas si difficile !

Les trois Indiens devaient nous prendre pour des fous, mais ils se sont mis à nous aider avec complaisance dès que nous les avons sollicités. En fin d'après-midi, nous avions déjà libéré l'accès à une galerie qui s'enfonçait en oblique dans les entrailles de la colline. Le temple avait-il donc aussi possédé une crypte ?

Le passage était si exigu qu'il fallait ramper à l'intérieur. Comme nous étions déjà assez las, pour ne pas dire épuisés, nous avons décidé de rester sur le plateau pour la nuit et d'entreprendre l'exploration le lendemain matin.

Katchou avait ramassé du bois et allumé un feu. Nous avons englouti plusieurs boîtes de viande et de haricots, les faisant descendre avec l'eau de nos réserves, et nous nous sommes sentis beaucoup mieux.

Même si les crampes, elles, subsistaient…

— Le temple a jadis été bâti au-dessus d'une cavité naturelle, c'est certain. Elle est peut-être en partie effondrée… Nous le saurons demain.

Éric a interrogé Ferdi du regard, puis ajouté :

— Katchou pourrait demander aux deux Indios ce qu'ils savent au sujet du temple, non ? Ils seront peut-être plus causants que les prêtres…

Son espoir ne s'est pas réalisé. Les deux compères n'avaient pas plus d'informations que nous à ce moment. Déçus, nous avons regagné nos tentes peu après. Katchou et les deux Piarontas ne se sont pas éloignés du feu, restant assis quelque temps avant de déplier leurs couvertures sur le sol.

Impossible de m'endormir tout de suite, j'étais trop sous pression. Demain allait être un jour décisif. Et si ma théorie fantastique s'avérait infondée, j'en entendrais des vertes et des pas mûres de la part de mes amis. Pourtant, le fait que les ruines du temple soient demeurées inviolées montrait que personne ne s'était risqué dans les parages avant nous. S'il y avait quelque chose, nous avions donc toutes nos chances de le trouver…

Le soleil à peine levé, nous étions déjà rassemblés pour le petit déjeuner autour du feu de camp qui brûlait encore. Plus question de perdre une minute !

Éric ne s'est pas laissé ravir la place du premier à entrer dans la galerie. Willi n'a pu s'empêcher d'ironiser en disant que c'était juste par souci pour notre sécurité. Car si lui arrivait à passer, nous réussirions nous aussi sans problème.

Le boyau si étroit au départ finit par s'élargir sensiblement. La lumière de notre lampe-torche nous révéla alors une salle à moitié comblée par les pierres qui avaient chu du plafond. Au milieu, cependant, se dressait un bloc quadrangulaire qui, sans le moindre doute, était là depuis les origines.

Katchou et les deux Piarontas avaient préféré rester au-dehors. Nous avons donc commencé à déblayer nous-mêmes les gravats afin de dégager complètement le bloc sur lequel Éric braquait la torche.

— Il y a des lignes ! s'est-il soudain exclamé en montrant la face tournée vers nous. On dirait qu'elles délimitent une ouverture, un peu comme une porte escamotable…

Effectivement, les fameuses lignes dessinaient un carré de vingt centimètres de côté.

— Ça ressemble à un coffre-fort, a déclaré Willi en me jetant un regard en coin.

J'ai saisi sans problème sa question muette.

Tu aurais donc raison, mon vieux ?

Après avoir tâté avec précaution toute la surface accessible du bloc de pierre, nous avons décrété d'un commun accord que l'ouverture supposée était faite d'une autre matière, non minérale malgré les apparences. Mais nous n'avons rien trouvé de ce que nous cherchions, ce creux ou cette saillie qui aurait trahi l'existence d'un mécanisme de verrouillage ou d'une serrure.

Willi, qui tenait à son tour la lampe-torche, a dirigé le faisceau vers le centre exact de la « trappe » – par pur hasard, nous avouerait-il plus tard. Et alors… L'énergie lumineuse et thermique, même faible, a agi au moins dix secondes sur le supposé mécanisme de fermeture et d'ouverture. *A posteriori*, c'est en tout cas la séquence logique qui nous a paru rationnelle. L'événement nous a donc confortés dans la certitude que le dispositif avait été prévu pour s'activer uniquement quand l'Humanité aurait atteint un certain niveau de technologie.

Le « tiroir » s'est donc ouvert avec une lenteur infinie.

À l'intérieur reposait un cube argenté, brillant, d'environ dix centimètres d'arête.

Il n'y avait rien d'autre.

J'ai cru sentir ma respiration se bloquer pour quelques secondes. C'était exactement ce que notre médium munichois avait décrit, sans pouvoir dire quoi que ce fût sur la fonction de cet objet. Un cube de métal dont pas un seul Humain actuellement en vie ne pouvait connaître le plus infime détail…

— Et maintenant ? a demandé Éric, la voix rauque.

Ferdi a plongé la main dans le « tiroir ».

— Dieu, que c'est lourd ! C'est du massif, je pense…

— Un cube de métal, plein, sans la moindre fonction ? a fait Éric, peu convaincu.

— C'est bien plus que ça, ai-je assuré. Il a une fonction, et même si j'ignore laquelle, elle est bien précise. Les étrangers qui ont dissimulé ici cet objet ne l'ont pas fait pour rien. Ils voulaient savoir quand le cube viendrait à être découvert, pour tirer ensuite leurs conclusions.

— Un émetteur ?

— Peut-être quelque chose de ce genre, et qui serait déjà en train de lancer des signaux ! Nous le reposons, ou nous l'emportons ?

Éric a subtilisé le cube à Ferdi et l'a serré contre sa poitrine.

— On le planque dans nos affaires. Personne ne doit être au courant, pas même les Indios. Sinon, le grand-prêtre les lancerait à notre poursuite…

Lorsque nous sommes remontés sur le plateau, le soleil était presque au zénith. Katchou s'est levé et s'est avancé vers nous. Ferdi lui a expliqué que les ruines du temple nous avaient très fortement impressionnés et que, maintenant, nous voulions jeter un coup d'œil aux grottes.

Katchou a approuvé. Nous avons remballé notre matériel et le signal du départ n'a plus tardé. Nous espérions encore atteindre le pied des montagnes avant le crépuscule.

Nous avons passé la nuit sous la protection d'une avancée rocheuse, dans la chaleur réconfortante du feu. Les premiers rayons du soleil nous ont réveillés, une gouttière naturelle nous a offert le luxe de pouvoir faire nos ablutions et de nous désaltérer. Ensuite, nous avons examiné notre environnement à la recherche des grottes.

Katchou s'est entretenu un long moment avec les Piarontas, puis il nous a rejoints.

— Il y a plusieurs accès, camouflés par les buissons qui poussent sur la pente. Nous devrons y aller seuls, les deux autres veulent rester ici.

Ferdi avait la mine soucieuse, parce qu'il avait dissimulé le cube dans ses bagages. Willi a littéralement bondi.

— Moi aussi, je reste ici, a-t-il suggéré. Aucune envie d'aller ramper dans des cavernes glaciales !

Sans attendre notre réponse, il est parti s'asseoir près du feu à côté des deux Indiens.

Rassurés, nous pouvions maintenant suivre Katchou.

Au total, nous avons visité trois grottes dont rien, en l'absence de moyens appropriés, ne nous a permis de dire si elles étaient d'origine naturelle ou artificielle. Des millénaires d'érosion avaient effacé toute trace d'un éventuel travail humain. Mais toutes ces cavités avaient au moins un point commun : au bout de quelques dizaines de mètres, chacune se terminait sur une paroi verticale relativement lisse.

En vain, nous avons cherché des sillons ou des solutions de continuité qui auraient pu indiquer s'il y avait ou non quelque chose de l'autre côté. Nous avons cogné contre ces murs avec des pierres, sans que cela sonne creux. Ferdi a eu l'idée de tenter à nouveau l'expérience avec la lampe-torche, mais il n'a pas eu le moindre succès.

Katchou, qui nous considérait de toute évidence comme sérieusement fêlés, s'est mis à nous presser pour le retour. Ne sachant quoi faire de mieux, nous sommes ressortis sur ses talons. Willi, accroupi près du feu, affichait un air de curiosité quand il nous a vus revenir. Nous lui avons raconté ce que nous avions découvert ou, plutôt, l'absence de résultat probant.

Moi, je ne cessais de me rappeler ce qu'avait dit la jeune médium au sujet des grottes et des domaines interdits. Elle n'avait donc pas menti.

Nous sommes repartis au début de l'après-midi. Vers le soir, nous étions rentrés au village. Nous avons entassé nos bagages dans notre hutte, avec les tentes et les sacs de couchage. À peine réapparaissions-nous sur la place du village que le grand-prêtre s'est avancé à notre rencontre.

Nous lui avons fait l'éloge des ruines du temple, l'assurant à qui mieux mieux que jamais nous n'en avions vues d'aussi impressionnantes. Il a semblé se satisfaire de nos déclarations succinctes et n'a posé aucune question supplémentaire. Mais à partir de cet instant, nous n'avons plus quitté nos bagages des yeux même pour une fraction de seconde.

Nous avons décidé de rester un jour de plus chez les Piarontas avant de repartir vers la civilisation. Katchou ne s'est pas laissé dissuader de nous raccompagner jusqu'au lac du Mavaca, que nous avons atteint exactement au jour et à l'heure convenus. Ratunko s'est pointé lui aussi comme prévu, pour nous annoncer que le niveau de l'eau avait fortement baissé, mais que nous arriverions quand même à naviguer.

À partir de cet instant, un seul et unique problème nous a préoccupés : arriver à dissimuler le cube de métal, et imaginer trente-six mille possibilités de le faire entrer en Europe ni vu ni connu. Au bout du compte, aucune difficulté n'est survenue en dépit des contrôles très poussés aux douanes et aux aéroports.

Tout bonnement parce que nous avons opté pour la plus simple des solutions.

À notre atterrissage à Oslo, j'ai constaté qu'il ne me restait plus que trois mois et demi avant l'expiration du délai imparti d'un an.

Je ne pouvais me défaire d'une sale impression : celle d'avoir commis une erreur.

Durant deux semaines, divers experts très discrets de plusieurs laboratoires privés ont examiné le cube de métal sans le moindre résultat tangible. Impossible d'ouvrir cette pièce pleine qui avait l'air d'un seul tenant et taillée dans la masse.

Les rayons X ne pénétraient pas à l'intérieur, ses faces les réfléchissaient à cent pour cent.

Il semblait bien qu'une seule solution s'imposait pour percer le mystère et découvrir ce que le cube pouvait receler en son sein : la destruction pure et simple. Aucun des initiés n'est arrivé à se résoudre à une telle extrémité. Et dans le cas contraire, nos protestations l'en auraient empêché.

L'un des scientifiques ayant participé aux investigations nous avisait, dans son compte-rendu :

« Des émissions très particulières, provenant de cet objet, demeurent lettre morte pour tous nos dispositifs de mesure. En conclusion, ce cube inconnu est une source de trains d'ondes d'un genre spécial. A-t-il également une fonction réceptrice ? Il est quasi impossible de l'affirmer – tout autant que de le réfuter. »

Éric a empilé le rapport au-dessus des autres, puis son regard est allé se poser sur le cube qui trônait parmi une foule d'autres objets sur l'étagère murale de son bureau, attirant à peine l'attention sur sa présence.

— Nous en sommes désormais certains, a-t-il dit. Un émetteur ! C'est parfaitement concevable. *Ils* l'ont jadis laissé là-bas dans le seul but de savoir quand nous aurions enfin inventé la lampe électrique !

— *Ils* voulaient en apprendre davantage, ai-je fait sans m'attarder sur sa remarque incisive, et tel a bien été le cas. Nos expériences de laboratoire *leur* ont enseigné plus de choses sur notre compte que nous ne le souhaiterions. Je pense que *leur* émetteur travaille sur une base supraluminique.

— Ah, revoilà l'auteur de S.F. ! a lâché Peter, qui était venu exprès de Vienne.

— Ce ne serait pas la première fois que des utopies rejoignent la réalité, lui ai-je répliqué avec agacement. J'en connais des douzaines d'exemples. Les étrangers qui ont laissé cette chose sur leur passage devaient disposer d'une technologie qui nous est encore inconcevable. Un Néandertalien aurait sûrement considéré tes lunettes comme une impossibilité si quelqu'un les lui avait décrites en expliquant leur utilité.

— En d'autres termes, a lancé Uli, lui aussi un ami de la maison, les ondes supraluminiques pourraient un jour devenir réalité. Il est donc probable que les extra-terrestres les maîtrisent déjà depuis des lustres.

J'ai acquiescé, et il a continué :

— Ça veut dire que ces étrangers, s'ils existent encore à ce jour, sont à l'instant même au courant de ce que nous sommes en train de raconter ?

— Où qu'ils soient, de surcroît ! ai-je affirmé avec aplomb.

Un épais silence a plané un moment dans le bureau.

— Nous tenons la preuve en main. Alors, qu'est-ce qu'on en fait ? s'est soudain emporté Éric.

Comme personne ne se risquait à répondre, je me suis risqué :

— Ce qu'on en fait ? Rien ! Si nous nous mettons à clamer *urbi et orbi* ce que nous pensons à présent savoir, nous allons provoquer des dégâts dont l'ampleur dépassera vite notre niveau de responsabilité. Et même, qui pourrait dire combien de temps on nous laissera en liberté ? Rappelez-vous tous ces gens prétendument disparus du jour au lendemain, peut-être simplement parce qu'ils en savaient plus que le commun des mortels ! Moi, je vote pour que nous restions muets comme des carpes, au moins pour un temps, même si ça nous démange à tous de pouvoir enfin clouer le bec à ceux qui disent toujours savoir mieux que les autres !

Bien évidemment, là n'étaient pas les seules raisons de ma proposition. Je songeais sans cesse au mystérieux étranger qui se dénommait Numéro Un. Peut-être même, à cet instant, n'excluais-je pas complètement l'éventualité qu'il soit un extraterrestre chargé d'une mission particulière à accomplir sur notre monde. Quoi qu'il en fût, une voix intérieure me martelait l'urgence de ne rien trahir de notre découverte.

Cependant, mes amis n'étaient pas tous de mon avis.

— Ce serait pourtant une annonce sensationnelle ! s'est exclamé Peter, qui était journaliste à Vienne. Si je pouvais obtenir les droits exclusifs de sa diffusion…

Éric l'a coupé assez brutalement.

— Pas question ! Croyez que je regrette de ne pas pouvoir parler, mais je suis moi aussi partisan de garder le silence pour un moment. Il nous faudra attendre…

— Combien de temps ? a demandé Berndt, lui aussi membre de notre cercle et qui, dès nos premières rencontres, s'était révélé comme un virtuose de la cuisine. Combien devrons-nous attendre ?

Tous m'ont fixé d'un œil interrogateur.

— Trois à quatre mois, ai-je répondu d'un ton assuré, avec la très bizarre impression que quelqu'un me soufflait ces paroles.

J'ai regagné ma vieille ferme de Haute-Bavière et me suis mis à travailler avec assiduité à un article sur les cultures disparues des Mayas. Quelques jours plus tard, on a sonné à ma porte. Je n'aime guère les visites impromptues, mais mon agacement s'est évanoui d'un coup quand, à ma grande surprise, j'ai constaté qu'il s'agissait de Rico, lui aussi un ami du cercle d'Éric.

— D'où diable débarques-tu ? lui ai-je lancé en guise de salut tout en refermant la porte sur son passage. Allez, monte ! Alors, quoi de neuf ?

— Quoi de neuf ? a-t-il répété une fois assis face à moi au salon, avec nos bières posées sur la table. Plein de choses, c'est pourquoi je suis là. Le bloc de métal, tu sais, le prétendu émetteur extraterrestre, cette preuve que nous tenions de leur existence… Eh bien, il s'est volatilisé !

— Volatilisé ? ai-je répété mécaniquement.

Soudain, je me suis senti mal à l'aise, comme si l'air me manquait.

— Comment est-ce possible, Rico ? Nul ne peut s'introduire chez Éric sans se faire repérer, pas même le plus malin des cambrioleurs ! Avec tous les systèmes d'alarme…

— Je sais, je sais, a assuré mon ami. Sans parler de ses chiens. Et pourtant, le bidule s'est évaporé.

— Pourquoi Éric ne m'a-t-il pas téléphoné ?

— Ça n'aurait pas fait revenir le cube, n'est-ce pas ? En outre, Éric a l'impression d'être sous surveillance. L'impression, juste. Sans une ombre d'indice palpable. Et je suis comme lui, pour tout te dire.

Malgré moi, j'ai repensé à Numéro Un même si je n'avais plus observé le moindre signe de sa présence ou de son existence. J'ai senti sur ma nuque une sorte de chatouillement qui a cessé tout aussi vite.

— Comment est-ce arrivé ? me suis-je enquis.

— Nul n'en a la plus petite idée. Uli, Berndt et moi avions rendu visite à Éric, et nous avions discuté jusque tard dans la nuit. Les chiens étaient bizarrement agités, mais c'était le cas tous les soirs depuis presque une semaine. Sûrement la faute au temps instable, souvent orageux, qui obligeait à les confiner dans la maison. Nous sommes allés nous coucher à une heure très avancée et, le lendemain matin, le cube de métal n'était plus à sa place. Voilà, tu sais tout !

J'étais encore sous le choc de cette nouvelle. Quels risques n'avions-nous pas pris pour acquérir cette preuve – et vérifier l'exactitude des révélations du médium ! Et ladite preuve nous filait entre les doigts comme ça, en un clin d'œil, sûrement par ma faute exclusive puisque j'étais celui qui avait intimé le silence et l'attente…

— Éric ne te tient pas pour responsable, m'a annoncé mon vis-à-vis comme s'il avait lu dans mes pensées. En revanche, il est persuadé que quelqu'un a capté les émissions du cube et a agi en conséquence. On dirait bien que certaines vieilles histoires mystérieuses et empreintes d'occultisme ne sont pas si imaginaires que ça. Il y a des gens qui vivent parmi nous…

— Des gens… ai-je murmuré, toujours désemparé. Eh, attends un peu ! Les photos du cube et les rapports d'expertise, ils se sont volatilisés eux aussi ?

— Par bonheur, non. Mais à quoi pourront-ils maintenant servir ?

Il avait raison. Un bloc cubique de métal, de dix centimètres d'arête, cela pouvait s'usiner dans n'importe quel petit atelier équipé des machines idoines. Qui donc irait gober que nous avions récupéré le nôtre dans les ruines d'un temple, en Amérique du Sud, sur la base de quelques malheureux clichés photographiques ? Quant aux rapports scientifiques, ils seraient directement taxés de grossières falsifications.

— Je suis d'accord, Rico, ai-je fini par acquiescer. Ce fatras ne nous sera plus d'aucune utilité. Tu as un peu de temps devant toi ?

— Pas beaucoup, je continue sur Vienne…

En fait, il est seulement reparti à la tombée de la nuit, car nous avions encore beaucoup de choses à nous raconter.

Après qu'il m'a laissé, la soirée s'est éternisée et à nouveau, une fois au lit, je suis resté longtemps à m'agiter sans arriver à m'endormir.

Des milliers de questions m'assaillaient. Et je n'avais de réponse à aucune d'elles.

DEUXIÈME PARTIE

CONTACT

Au moins deux mois plus tard, j'ai trouvé dans mon courrier une lettre sans mention d'expéditeur, ce qui était une rareté inhabituelle. Il n'y avait même pas de cachet postal, mais cela pouvait relever du pur hasard.

Je me suis hâté d'ouvrir l'enveloppe. La lettre émanait de Numéro Un.

Très laconique, il m'annonçait qu'il m'attendrait d'ici trois jours dans une pension de famille des environs de Salzbourg. Je ne devrais pas prendre ma voiture. En outre, il me priait de régler toutes mes affaires domestiques comme si je partais en voyage pour quelques semaines.

C'était tout.

Maintenant qu'approchait l'instant décisif, je me sentais de moins en moins sûr. Devais-je vraiment donner suite à l'invitation de cet inconnu, ou non ? Que me voulait-il exactement ? J'ai fini par me dire que j'étais déjà bien trop impliqué dans tout ce contexte pour pouvoir à présent m'en détacher. De plus, la curiosité m'aiguillonnait.

J'ai fait de façon machinale tout ce que l'on exigeait de moi et j'ai réglé l'ensemble de mes affaires, privées aussi bien que professionnelles, comme en prévision d'une assez longue absence. Par précaution, j'ai rédigé plusieurs lettres que j'ai confiées à la garde d'un ami sûr.

Le troisième jour, j'ai embarqué dans un taxi avec une petite valise et me suis fait conduire à l'endroit du rendez-vous.

La pension se dressait en bordure d'une route qui continuait vers les montagnes. Je la connaissais bien, pour avoir déjà fréquemment visité la région. L'établissement était une de ces entreprises familiales, menées par des fermiers locaux, comme il en existe une bonne douzaine au pied de l'Untersberg.

J'ai payé la course, récupéré mon bagage et suis entré dans la pension. Numéro Un était assis à une table d'angle, dans un coin de la salle de restauration. À part lui, il n'y avait là qu'une serveuse bien nourrie, à en juger par sa silhouette, qui se tenait derrière le comptoir et répondit amicalement à mon bonjour.

La valise à la main gauche, j'ai tendu la droite à l'homme qui m'attendait. Il l'a serrée et m'a dit :

— Je me réjouis que vous soyez venu. Tout est en ordre, de votre côté ?

— Je pense que oui. Où allons-nous ?

La serveuse s'est approchée de notre table. J'ai commandé un grand café, dont la force le ferait du bien.

— Pas très loin, a indiqué Numéro Un.

— Vous m'avez pourtant écrit que…

— « Pas très loin » n'est point synonyme de « pas très longtemps ». Là, ce sera une absence de deux à trois semaines probablement. Pas moyen de faire plus court. Mais cessez de poser des questions, je vous prie. Les choses vont s'éclaircir d'elles-mêmes. Tiens, voilà votre café…

La conversation s'est poursuivie sur des banalités, puis l'instant du départ est venu.

D'un modèle peu récent, la voiture de Numéro Un était garée derrière la pension. J'ai fait passer ma valise sur le siège arrière et me suis assis à côté de mon chauffeur. Il me tardait de savoir quelle était notre destination.

La route goudronnée a fini par se rétrécir et devenir un chemin tout de même praticable qui s'est peu à peu mis à grimper. Un panneau interdisant la circulation à tout véhicule autre que forestier est apparu, mais Numéro Un l'a ignoré. Il n'a pas tardé à rétrograder en première. En me retournant, j'ai aperçu très en contrebas Salzbourg et le Walserfeld.[8]

Nous nous sommes enfoncés dans une forêt dense de résineux. Si le chemin n'avait pas été recouvert de graviers et de petits cailloux bien ancrés dans la terre meuble, je doute que nous ayons pu continuer avec la voiture.

Les premières parois rocheuses ont surgi au-dessus de nous. Sur la droite, d'imposants blocs de pierre parsemaient le sous-bois. Sur certains d'entre eux poussaient de petits sapins aux racines enfoncées dans des fissures dont la pluie avait lessivé le peu d'humus qu'elles avaient retenu.

Le chemin se terminait sur une sorte d'aire de stationnement, à en juger par les nombreuses traces de pneus qui sillonnaient le replat.

Numéro Un a coupé le contact et m'a adressé un signe de tête.

— Même si elle reste là longtemps, la voiture n'attirera pas l'attention. Entre les chasseurs et les agents forestiers, le trafic est quasi permanent. Et les gens ne se connaissent pas entre eux.

Nous sommes descendus. Avant de verrouiller les portières, mon chauffeur m'a invité à récupérer ma valise.

---

[8] Du 12 au 14 décembre 1800, théâtre d'une bataille de la première guerre napoléonienne où a été vaincue une partie de l'armée française du Rhin, le Premier Corps de Lecourbe. (NdT)

— Votre bagage ne vous servira peut-être à rien, mais emportez-le si vous le souhaitez et si cela vous aide à vous sentir mieux. Nous ne sommes plus très loin…

Aujourd'hui encore, alors que tout cela me semble couler de source, j'ai du mal à me figurer mon état d'esprit du moment. J'oscillais entre curiosité et appréhension, même si cette dernière était vaincue d'avance. La valise à la main, j'ai suivi cet homme qui s'intitulait Numéro Un et dont l'attitude, aussi bien que l'allure, me convainquait qu'il n'avait rien d'un illuminé ni d'un dément.

— Où allons-nous ? ai-je redemandé.

Il s'est tourné vers moi et m'a souri.

— N'avez-vous jamais rêvé d'explorer l'une des grottes de l'Untersberg, de préférence parmi celles où nul ne s'est encore aventuré ? Eh bien, en voici l'occasion !

— Avec ma valise à la main… ?

Il n'a pas répondu, mais a continué de sourire.

De plus en plus raide, le chemin s'est transformé en un étroit sentier qui, au bout de quelques centaines de mètres, s'interrompait au pied d'une paroi verticale. J'ai eu beau écarquiller les yeux, je n'ai vu nulle part le moindre accès à une grotte. Je savais d'expérience que très souvent, des failles très peu larges ou de simples trous quasi indiscernables peuvent mener à des cavernes de proportions respectables. Mais là, il n'y avait rien de la sorte.

Déconcerté, j'ai posé ma valise sur le sol. Numéro Un, qui s'était avancé tout contre la muraille, a de nouveau pivoté vers moi.

— Regardez donc en bas, à peu près à l'endroit où nous avons laissé la voiture…

J'ai tourné la tête sans rien apercevoir d'autre que l'étroit sentier et les gros blocs de pierre parmi les arbres.

— Que voulez-vous dire… ?

— C'est bon. Suivez-moi !

Mes yeux se sont encore agrandis lorsque j'ai remarqué l'entrée, l'accès à une grotte, qui n'était pas là un instant plus tôt. Il n'y avait pas eu la moindre solution de continuité à l'endroit où, à présent, béait une fente de la largeur d'un homme.

Numéro Un s'est faufilé à l'intérieur et m'a tendu la main pour m'aider. La valise m'encombrait, mais j'ai réussi à le rejoindre dans un boyau obscur qui paraissait plonger dans les entrailles de la montagne. Derrière nous, la fissure s'est refermée, et mon guide a allumé une lampe-torche.

Le faisceau de lumière éclairait des parois de roc nu sur lesquelles perlaient des gouttes d'eau. Le passage était assez haut pour qu'on s'y tienne debout. Le sol de pierre était humide et glissant.

Ma sensation d'insécurité a viré à l'oppression. Je devais être fou pour avoir donné suite à l'invitation ! Mais comment aurais-je pu supposer que le mystérieux inconnu allait m'entraîner dans le royaume souterrain de l'empereur Charlemagne et des Nibelungen de nos vieilles légendes ?

Nous pouvions avancer côte à côté, car la galerie était à présent assez large.

Venant de l'obscurité vers laquelle nous allions, j'ai soudain cru percevoir des voix assourdies et, tout à coup, les histoires les plus hallucinantes que j'avais pu entendre ou lire au sujet de cette montagne magique me sont remontées à la mémoire. Je devais être dans le même état d'esprit qu'un fanatique des OVNI qui aurait vu un vaisseau extraterrestre se poser dans son jardin.

Le passage tournait presque à angle droit. Juste après, un flot de lumière aveuglante m'a agressé, m'obligeant à fermer les yeux. Au bout de quelques instants, je me suis rendu compte que seul le contraste avec les ténèbres auxquelles je m'étais habitué était la cause de cet éblouissement. En fait, nous baignions dans une clarté plutôt agréable.

La galerie débouchait dans une grande salle. Au milieu se dressait une longue table ovale. Huit personnages y étaient assis, nous regardant par les trous des cagoules qui leur couvraient la tête.

Mais ce n'est pas la vue de cette assemblée qui a pratiquement fait cesser mon cœur de battre durant plusieurs secondes et m'a coupé le souffle.

Au centre de la nappe de velours noir étendue sur la table, il y avait le cube de métal aux reflets argentés que j'étais allé récupérer, avec mes amis, en Amérique du Sud dans les ruines d'un temple oublié…

Les huit personnages étaient vêtus de diverses manières correspondant chacune à une région bien définie de notre globe. Leur seul point commun était la cagoule qui leur masquait le visage, ne laissant libres que les yeux, les oreilles et la bouche.

— Je vous l'ai amené comme nous l'avions décidé, mes frères, a annoncé Numéro Un. Il a réussi l'épreuve. Pendant un an, pas un mot risquant de nous trahir ne lui a échappé. Il fait donc maintenant partie de notre cercle.

Deux chaises étaient encore vides. Numéro Un s'est assis et m'a fait comprendre que je devais l'imiter. Je lui ai obéi, oppressé comme jamais je ne l'avais été de toute ma vie. J'avais posé ma valise près de l'entrée, de façon machinale.

— Ton choix a été le bon, Frère Premier, a déclaré l'un des huit personnages. Il est temps de répondre à ses questions avant de lui demander de prendre l'ultime décision.

Ce disant, il a désigné le bloc de métal posé au milieu de la table.

— Ta première question le concerne, a-t-il affirmé en me dévisageant. Elle n'aura cependant sa réponse qu'au moment indispensable. Et nous connaissons déjà la seconde : « Qui êtes-vous ? »

J'ai acquiescé d'un signe de tête sans pouvoir émettre un son, tant j'avais la gorge sèche et nouée.

— Il y a déjà longtemps que tu as dû le deviner, a poursuivi l'homme. Il nous faut maintenant confirmer ton hypothèse afin qu'elle devienne pour toi une certitude. Mais au préalable, sache ceci : ce n'est point l'empereur hindou Ashoka qui, environ trois siècles avant Jésus-Christ, a fondé le cercle secret des Neuf Inconnus. Ce cénacle existait déjà depuis des millénaires. Nous-mêmes, nous ignorons à quelle époque exacte il est né. Cela a dû se produire après une catastrophe planétaire où l'Humanité d'alors s'est presque anéantie pour avoir utilisé les plus modernes des armes en sa possession. Seuls de rares survivants en ont réchappé. Parmi eux devaient très probablement se trouver neuf scientifiques qui ont alors décidé de tirer le voile de l'oubli sur tout le savoir relatif aux lois de la Nature acquis jusqu'à ce jour, afin d'éviter que ne survienne à nouveau une telle apocalypse. Ces savants détenaient eux-mêmes ces connaissances et ils ont choisi de les conserver par-devers eux, de génération en génération, millénaires après millénaires. Et ce jusqu'au moment où l'Homme aurait atteint une maturité suffisante pour que le savoir de ses ancêtres puisse lui être restitué sans le vouer au danger de l'autodestruction.

Le sens de ces paroles me pénétrait lentement, et j'avais du mal à en appréhender toute la portée. C'était d'autant plus étrange que depuis quelque temps déjà, je m'étais persuadé que Numéro Un devait appartenir à une puissante organisation occulte dont l'influence embrassait le monde entier. J'avais même songé à ces Neuf Inconnus sur lesquels tant de choses avaient été écrites sans que quiconque – à de rares exceptions près – n'ait jamais pris au sérieux des informations et des supputations aussi vagues.

Et voilà que je siégeais à leur table – en tant que « dixième » !

Face à mon silence, celui que j'appelais encore Numéro Un a continué :

— Je vois que tu es surpris, mais c'est la réaction normale de celui qui reçoit soudain confirmation de ses hypothèses. Si ce sont nos cagoules qui te gênent, sache qu'elles servent seulement à notre sécurité et à la tienne. Tu ne verras jamais nos visages, sauf celui de Numéro Un, mais il ne s'attardera plus guère parmi nous. Il a fait son temps, comme l'on dit familièrement. Tu ne verras les visages que de ceux qui viendront plus tard, à chaque fois que l'un d'entre nous devra sortir du cercle à son tour. Et, systématiquement, les numéros d'ordre diminueront d'un cran. Je serai bientôt Numéro Un, l'actuel Numéro Trois deviendra Numéro Deux, et ainsi de suite. Tu seras bientôt le nouveau Numéro Neuf, frère. As-tu bien saisi les raisons de ce gage de sécurité, et l'acceptes-tu tel quel ?

Je ne pouvais toujours pas parler. Alors, j'ai simplement opiné du chef. Des milliers de questions me tourmentaient, mais je n'en ai posé aucune. Je savais que les réponses me seraient seulement données en temps opportun.

— Notre devoir est d'une complexité infinie, a ajouté Numéro Un. Et sa difficulté augmente d'une part avec les progrès techniques que fait sans cesse l'Humanité, d'autre part avec la perspective chaque jour plus proche, pour la civilisation actuelle, d'une catastrophe d'ampleur comparable à celle qui s'est jadis produite. Nous avons en permanence espéré voir sonner l'heure où nous pourrions sortir de notre exil et transmettre à l'Homme tout le savoir que nous avons gardé secret au long des millénaires. Mais nous sommes à présent sûrs que cette heure ne sonnera jamais. Par des voies détournées, nous avons tenté de relayer ces alertes aux organisations et aux médias chargés de diffuser l'information. Hélas, en pure perte ! Et pourtant, même avec la certitude que tout cela a été vain, nous n'avons pas le droit de renoncer à l'espoir. Nous pourrions menacer de destruction tous ceux qui détiennent aujourd'hui le pouvoir sur le monde, qu'ils l'exercent par la force ou par la connaissance, s'ils ne se rangent pas à la raison et à la sagesse. Mais cette ultime extrémité nous est interdite. Nous ne pouvons continuer d'œuvrer que dans le sens de la raison et de la sagesse – tout en gardant l'espoir. Es-tu prêt, frère, à nous aider dans ce but ?

J'ai à nouveau acquiescé, puis essayé de prononcer quelques mots. Ma voix était comme fêlée par l'émotion.

— Je suis prêt… Mais que puis-je faire ?

Numéro Deux s'est levé, imité par tous les autres. Et par moi aussi, machinalement.

— Sois donc le bienvenu parmi nous, Numéro Neuf. Mais en même temps que nous t'accueillons, nous te mettons en garde. Ne l'oublie jamais, tu es tenu au secret absolu sur tout ce que tu entends, vois et apprends ici. Tu n'as pas le droit d'en dire un mot au-dehors. Pense que n'importe quelle personne que tu croiseras à l'extérieur peut être l'un de nous. Nous te connaissons, mais tu ne nous connais pas. Rassieds-toi, Numéro Neuf.

Il a alors tourné le regard vers l'ancien Numéro Neuf.

— Rassieds-toi également, Numéro Huit.

Et ainsi de suite, jusqu'à ce que chacun ait entendu son nouveau rang dans le cercle. À la fin, seul l'ex-Numéro Un était encore debout.

Lui faisant face, son successeur a conclu :

— Ta mission est achevée, frère. Tu passeras le restant de tes jours dans le monde des hommes, et nous savons que tes lèvres sont scellées à jamais. Initie maintenant Numéro Neuf à nos secrets et, dans quarante-huit heures, ramène-le chez lui. Plus tard, il prendra le contrôle de l'une des stations et remplira une mission essentielle.

— À partir de cet instant, je m'appelle Jörg Langström, a annoncé l'ex-Numéro Un en m'adressant un signe d'invitation. Suis-moi, je te prie, car j'ai beaucoup à te montrer et à t'expliquer.

Hésitant, je me suis levé et j'ai regardé mes « frères » dans les yeux. En silence, ils m'ont fixé chacun à leur tour.

Jörg Langström a saisi ma valise et, d'un geste de la main, m'a intimé de le suivre. Empruntant plusieurs galeries, nous avons atteint une salle agréablement chauffée et aménagée avec confort. Lit, table, fauteuil, armoire l'équipaient, y compris même un récepteur TV installé dans un coin.

— Tu vivras ici deux ou trois jours. Je serai dans la chambre d'à côté. Numéro Deux et les autres regagnent leurs stations respectives dès aujourd'hui. Seul

Numéro Un reste encore un peu ici. Repose-toi donc une petite heure, je reviendrai te chercher. Il y a un mini-réfrigérateur dans l'armoire, avec de la nourriture et des boissons.

Jörg Langström s'est éclipsé avant que j'aie pu lui poser la moindre question.

J'avais beau être assoiffé comme jamais, je me suis allongé directement sur le lit, j'ai fermé les yeux et essayé de me persuader que tout cela n'était qu'un rêve.

Mais l'affaire dans laquelle je me trouvais plongé possédait une réalité indéniable.

Deux jours durant, Numéro Un – non, Jörg Langström ! – m'a guidé à travers la station dissimulée dans les profondeurs du massif de l'Untersberg. Et il m'est apparu de plus en plus clair que le surnom de « montagne magique » lui correspondait parfaitement. La plupart des légendes étaient évidemment sans rapport avec la station, que personne du monde « normal » n'avait jusqu'alors découverte. Mais je pouvais m'imaginer qu'en des siècles antérieurs, les Neuf Inconnus n'avaient pas eu besoin de recourir à autant de précautions qu'aujourd'hui, et qu'il leur avait même été possible d'entretenir certains contacts avec la population.

D'un autre côté, je me demandais comment de telles installations n'avaient jamais éveillé le moindre soupçon auprès d'organismes scientifiques ou d'entités étatiques de contrôle et de surveillance.

J'ai posé la question à Langström alors que nous nous trouvions dans une immense salle aux parois tapissées de centaines d'écrans, sur lesquels l'on pouvait observer ce qui se passait dans toutes les régions du monde.

Il a souri avec indulgence.

— Si nous utilisions les ondes et fréquences radio normales, on nous aurait depuis longtemps repérés comme un gigantesque émetteur fantôme. Mais sois rassuré : nos appareils opèrent selon un tout autre principe et sont indétectables. Nos neuf stations sont en liaison permanente. D'autres équipements veillent à ce que rien de ce qui survient de par le monde ne nous soit caché. Nous collectons et analysons tout ce qui a trait à de nouvelles connaissances. Ainsi sommes-nous en mesure de tracer des scénarii prospectifs pour le futur, fiables puisque rien ne nous échappe. Tu seras surpris de constater combien de choses sont tues, et combien sont travesties sous des mensonges. La droiture est une qualité rare en politique, mais celle-ci n'existerait pas si cette même droiture était la règle commune à tous. Il en a toujours été ainsi, hélas.

Je n'avais pas encore pu poser les questions qui m'intéressaient le plus, mais j'ai senti que le moment était là.

— Quelle sera exactement ma mission, Jörg ? Peux-tu me le révéler, ou est-ce encore un secret ?

— Ce n'en est plus un. La tâche principale des Neuf est de préserver le savoir du passé pour le transmettre un jour à une Humanité capable de recevoir ce legs, de le gérer et de l'utiliser sans danger pour elle-même ni pour la nature et toutes les formes de vie qui l'environnent. La malédiction attachée à tout progrès technique est que chaque nouvelle découverte permet de développer une arme nouvelle. Tant que l'Homme ne saura pas y renoncer, le cercle des Neuf Inconnus devra continuer d'être. Toi-même, tu ne vivras pas assez vieux pour le voir se dissoudre.

— Cela semble bien pessimiste…

— C'est très prosaïquement réaliste !

— Et quelle tâche spéciale va-t-on donc me confier ?

Jörg Langström m'a jeté un regard étonné.

— Une tâche spéciale ? Aucune en fait, si l'on considère que c'est la mission globale des Neuf qui est spéciale. Tu saisiras davantage de choses sur la complexité d'ensemble de cette entreprise quand tu recevras le premier livre. Nous en possédons neuf, que nous mettons en permanence à jour et qui circulent entre nous, car chacun des membres du cercle doit connaître le contenu de tous.

— De quelle sorte de livres s'agit-il ?

— Ces ouvrages recèlent tout le savoir que des êtres intelligents aient pu acquérir et collecter. Sur l'art de la guerre psychologique et les techniques de propagande nécessaires pour diriger les foules, sur la physiologie, sur la microbiologie, sur la transmutation des métaux et des éléments, sur les moyens de communication terrestres et extraterrestres, sur les secrets de la gravitation et la génération illimitée d'énergie qui en découle, sur la cosmologie, sur la lumière, sur la sociologie en incluant les règles qui président au développement des structures sociales, corrélées à la prédiction sûre à cent pour cent de leur déclin. Avec, naturellement, l'expansion des technologies jusqu'à l'autodestruction. Mais aussi avec les connaissances qui permettraient d'éviter la catastrophe.

— Pourquoi diable, ai-je demandé avec effroi, ces dernières connaissances ne sont-elles pas divulguées parmi l'Humanité ?

— Parce que savoir comment il est possible d'interdire une telle catastrophe revient quasiment à savoir de quelle façon la provoquer. Tu seras bientôt assez instruit pour le comprendre.

— Il semble que j'ai encore des tonnes de choses à apprendre.

— Oui, une quantité infinie, a confirmé Jörg Langström.

Le deuxième jour, nous nous sommes promenés dans le labyrinthe de la station, qui n'était qu'une parmi neuf. Je me suis particulièrement intéressé à la centrale de contrôle, à partir de laquelle la liaison audiovisuelle pouvait être établie avec les huit autres bases secrètes. J'avais eu droit à tant de surprises que presque plus rien ne m'étonnait vraiment. Et je n'ai même pas cillé quand, sur l'écran que Jörg Langström a choisi d'activer parmi les huit moniteurs de la rangée, Numéro Trois s'est annoncé depuis la station du Gávea, près de Rio. Il avait le visage masqué, comme il se doit. Il a déclaré que tous les autres avaient regagné leurs bases respectives et déconnecté le système automatique de surveillance qui fonctionnait en leur absence.

— Les autres stations… Où se trouvent-elles ?

Jörg Langström a désigné l'un après l'autre chacun des écrans, en dessous desquels figurait un simple numéro.

— Dans tous les endroits du monde où se produisent des altérations temporelles. Le Mont Aylmer au Canada, le Gávea au Brésil, un massif particulier des Andes, la vallée de Shangri-La au Tibet, le Mont Karisimbi en Afrique, le Mont Woodroffe en Australie, et le Triangle des Bermudes.

— Ça n'en fait que sept !

Un sourire s'est dessiné sur ses traits d'ordinaire si sérieux.

— Il y a aussi le Mont Shasta, aux États-Unis, et l'Untersberg.

Tout en me reconduisant à mes quartiers, il m'a informé d'autres équipements de la station dans laquelle nous étions et qui, antérieurement, avait été le domaine dévolu à Numéro Un. L'état d'avancement technologique de toute l'installation relevait carrément de l'utopie, voire de l'inconcevable, même pour un inventif tel que moi. Mais Jörg a fait en sorte de me rassurer.

— Tu as beaucoup de temps pour tout comprendre. Il s'agit de techniques représentant le stade final de choses qui aujourd'hui, sur Terre, n'en sont encore qu'à leurs balbutiements. L'utilisation des instruments et des appareils est d'une simplicité absolument enfantine. La plupart du temps, nous nous en déchargeons sur le système automatique de contrôle. Autre élément essentiel, les diverses stations sont réunies par un réseau de transmetteurs grâce auxquels l'on passe instantanément de l'une à l'autre.

— Des *transmetteurs* ?

Je n'en croyais pas mes oreilles.

— Tu en as pourtant très souvent parlé dans certains de tes articles relevant de l'utopie scientifique. Je le sais, car je les ai lus.

J'ai acquiescé, abasourdi.

— Mais ce n'étaient que des extrapolations spéculatives à propos de l'éventuelle réalisation future d'inventions utopiques !

— Non, il s'agissait de souvenirs de choses qui ont déjà existé, a-t-il rectifié assez sèchement. Tout ce que l'Homme est capable d'imaginer deviendra un jour réalisable. Et pourquoi ? Parce qu'autrefois, presque tout cela a déjà existé ! Autrement dit, nous possédons en quelque sorte une mémoire génétique.

— Tout a déjà existé, alors…

— *Presque* tout, a corrigé Langström.

Il m'a raccompagné à ma chambre. Je me suis assis sur le lit, et il est resté à la porte.

— C'est donc aussi simple que ça…

— Tout à fait ! a-t-il souri en m'indiquant l'armoire. Maintenant, mange un morceau et bois un peu. Demain, je te ramène chez toi. Tu sauras en temps et en heure à quel moment nous partirons. D'ici là, j'ai encore un certain nombre de choses à régler avant d'être prêt.

Il allait s'en aller, mais je l'ai retenu.

— Tu m'as dit que je serais absent deux ou trois semaines, c'est pour ça que j'ai pris ma valise. Or, ça n'aura duré que trois jours !

— Pour toi, oui, à l'intérieur de la montagne. Mais pas pour le monde extérieur. Trois semaines se sont bien écoulées. Cet endroit se situe en un point d'intersection de plans temporels qui possède des coordonnées assez stables. Ce n'est pas le cas partout ailleurs. Parfois, les lignes de champ des divers plans oscillent, et cela engendre des singularités. Ainsi naissent, pour les Humains, des contes et des légendes qui leur permettent de travestir un problème insoluble sous des oripeaux fantastiques. Et même la Bible en fait mention, pour qui sait la lire en profondeur.

Je m'en étais douté. À présent, j'avais des certitudes.

J'avais encore des milliers de questions sur la langue, mais je n'en ai plus posé aucune. D'un signe de tête, Jörg Langström a pris congé et il a refermé la porte.

Je me suis retrouvé seul.

Pour être franc, jamais je ne m'étais senti aussi seul de toute ma vie qu'à cette heure durant laquelle, dans le monde du dehors, c'étaient sept heures qui s'écoulaient en réalité…

Jörg Langström a passé trois jours chez moi, dans ma maison de Haute Bavière, et il m'a révélé les ultimes secrets des Neuf Inconnus. La seule énigme qui en est demeurée une, c'était celle des visages de mes huit « frères » que je verrais toujours masqués. N'importe quelle personne que je croiserais dans la rue, n'importe où de par le monde, pourrait être l'un d'eux. Ils ne se confinaient pas de façon permanente dans leurs stations qui, toutes sans exception, se situaient au point de concours de différents plans temporels.

— Nous obéissons à la loi multimillénaire et retournons à la vie normale au bout de cinquante ans d'appartenance à la Fraternité. Selon la fréquence et la durée de nos séjours dans les stations, chacun de nous est vieux de deux ou trois siècles. C'est évidemment relatif. Moi-même, je suis né en Norvège en 1825. C'est là-bas que je vais repartir et j'y finirai mes jours en tant que citoyen ordinaire, mais doté d'un passé fictif.

— Et les souvenirs de ce que vous avez réellement vécu ?

Jörg a souri avec une ombre de tristesse.

— Dès que j'aurai tourné la page, il ne m'en restera aucun à propos des Neuf Inconnus. Je ne me rappellerai que des choses fausses. Avant que je m'en aille d'ici, ma mémoire aura été vidée de son contenu antérieur et chargée d'autres données de substitution. Je ne te reconnaîtrai même pas si nous nous croisons par hasard au-dehors.

— Vous multipliez les précautions, ai-je dit en comprenant pourquoi ils avaient fait allusion à une sécurité à cent pour cent.

— C'est hélas une obligation. Il n'en a pas toujours été ainsi ; sinon, nul n'aurait eu vent de notre existence. Or, tu le sais bien, des choses ont été écrites sur nous, en majorité de nature purement spéculative. C'est d'autant mieux qu'elles sont étiquetées comme contes de bonne femme ou inventions fantastiques. Or, rien n'est plus fantastique que la réalité. N'as-tu jamais été convaincu qu'un certain Comte de Saint-Germain a vraiment vécu, et que les histoires racontées à son sujet sont authentiques ?

Saint-Germain…

Tout à coup, je me suis rappelé. Au XVIIIe siècle, on l'avait tenu pour un espion et un aventurier insaisissable. Voltaire avait même prétendu que le personnage était immortel et ne vieillissait pas.

— Un individu fascinant, ai-je répondu avec prudence.

— Un traître, oui ! a rectifié Jörg Langström. Son forfait remonte à des millénaires, alors qu'il appartenait au cercle des Neuf. Il a dérobé le secret de l'immortalité à un prêtre égyptien qu'il a assassiné. Puis il a disparu pendant très longtemps sans laisser de traces. Bien plus tard, certains indices ont révélé qu'il n'était pas resté les bras croisés. Il a aussi bien connu Cléopâtre que les pharaons ou Ponce Pilate. C'est seulement en 1743 que la Fraternité a de nouveau pu le repérer sans erreur possible – et sans le moindre doute sur le fait qu'il ait auparavant, à maintes reprises et sous diverses identités, vendu au prix fort des parcelles de son savoir phénoménal. Il s'est immiscé dans la politique mondiale, a lié connaissance avec les puissants de l'époque et est devenu leur éminence grise. Bien sûr, il s'est volatilisé à chaque fois que les Neuf Inconnus se lançaient sur ses traces. Il a préféré passer pour officiellement mort et se faire inhumer à Eckernförde, en 1784, ainsi que l'attestent les registres d'église. Mais on l'a pourtant identifié à nouveau en 1896, et la chasse a recommencé. Sans succès, évidemment, car il a alors « replongé » et nous avons complètement perdu sa piste.

— Il a donc bel et bien existé… ai-je murmuré.

Le regard pénétrant et sur un ton soudain brutal, Jörg m'a corrigé.

— Il *existe* encore aujourd'hui ! Procure-toi tous les livres qui parlent de lui, et lis-les avec attention. Tu auras affaire à lui, car ce sera aussi de ton devoir de le rechercher. Il connaît les plus grands des secrets, en premier lieu les lois de la nature qui constituent encore des énigmes pour la science moderne. Rien que par les quelques coups de pouce qu'il a donnés incognito à des gens bien précis, dans la première moitié de ce siècle, il a causé suffisamment de malheur. Car l'époque n'était pas mûre pour de telles connaissances, et les hommes encore moins. Le pas franchi a été trop grand, l'évolution naturelle a bondi de plusieurs décennies. L'équilibre naturel a été rompu, de sorte que le progrès technique menace d'aboutir à l'anéantissement plutôt qu'à un accomplissement.

Je savais combien il disait juste !

— Et nous ne pouvons rien opposer à cela ?

— Pas grand-chose ? Nous aussi, nous avons les mains liées. Nous soutenons tous ceux qui lancent des avertissements, c'est tout. Mais même cela semble peu sensé, car chaque action à finalité positive est détournée et récupérée dans un but politique – et pour la glorification individuelle. En outre, il est beaucoup trop tard. La marche de l'évolution en général, et pas seulement technique, ne peut être renversée. S'ajoute à cela le fait que l'énorme saut effectué possède son lot d'avantages indéniables qui, encore à l'instant présent, sont éclipsés par ses inconvénients. Le vrai problème réside dans l'utilisation à bon escient de ce savoir, sur les plans éthique et technologique.

Nos discussions ont duré pendant trois jours, et jusque tard dans la nuit. Sur le point de repartir, Jörg Langström a déclaré :

— Je dois aller endosser ma nouvelle identité. Peut-être le hasard fera-t-il se croiser nos routes, en un lieu et à un moment dont nous n'avons pas idée. Alors, surtout, ne m'adresse pas la parole. Je ne te connaîtrai plus, et cela me causerait une terrible gêne, car il faudrait que je te fasse passer pour fou. Je sais que tu auras à cœur d'accomplir les tâches dont tu auras la responsabilité, mais tu n'y réussiras pas à tous les coups. Prends congé définitif de tes amis, car sinon, tu les verras vieillir très vite et n'auras pas le droit de leur dire pourquoi ton apparence, elle, demeurera inchangée. L'âge viendra aussi pour toi, mais plus lentement. Un seul de nous est immortel, tu sais de qui je parle.

— Je dois renoncer à voir mes amis et couper tout contact avec eux, dis-tu ? ai-je reformulé en hochant la tête. J'ignore si cela m'est possible. N'oublie pas qu'eux aussi ont un devoir à remplir !

— Je le sais. Mais au fond, tout dépendra de toi, de la fréquence et de la durée de tes séjours dans l'une ou l'autre des stations. Ne t'y rends que quand tu veux entrer en contact avec tes autres frères, ou si ce sont eux qui t'appellent. Si tu suis ce conseil, tu pourras attendre plus longtemps avant de devoir te séparer de tes amis.

— Merci, Jörg, j'y veillerai. Encore une question : comment saurai-je à quel moment je peux partir ? D'ici, je veux dire.

— Quelqu'un t'appellera, m'a répété l'ex-Numéro Un. C'est systématiquement le cas. Nous avons de multiples auxiliaires, même si nul d'entre eux ne sait qui il sert. Et maintenant, adieu !

Sans un mot de plus, Jörg Langström a traversé le petit jardin devant la maison et est monté dans sa vieille voiture.

Je ne l'ai jamais revu de toute ma vie.

La Fraternité des Neuf s'adaptait aux contingences et au niveau d'évolution de chaque époque, je l'avais bien compris. Elle n'avait recours à sa prodigieuse technologie qu'en cas d'urgence.

Je n'ai donc pas été étonné de trouver quelques jours plus tard, dans mon courrier, une lettre sans mention d'expéditeur ni cachet postal. Mon « vieil ami Monsieur Trois » m'informait qu'il m'attendrait dans exactement deux semaines « sur le parking bien connu de l'Untersberg ».

Il me restait donc quatorze jours pour expédier toutes mes affaires courantes. Car j'ignorais pendant combien de temps je serais absent de chez moi. Par ailleurs, j'avais déjà pris la ferme décision de ne faire que de brefs séjours dans les stations des Neuf, pour que mes « voyages » ne durent jamais plus d'une à deux semaines. Ainsi, l'espérais-je, je pourrais continuer de mener comme avant mon existence « au-dehors », qui me satisfaisait totalement, sans que le processus ralenti de mon vieillissement naturel n'attire l'attention.

Au jour et à l'heure fixés, j'ai rejoint Numéro Trois. Il m'a révélé le principe du mécanisme ouvrant l'accès à la station et m'a conduit directement à la centrale de contrôle. En quelques secondes, il a établi la liaison avec les autres bases, dont seulement quatre étaient occupées.

Sur les écrans correspondant aux quatre autres s'affichaient les adresses auxquelles résidaient les membres de la Fraternité dont les stations étaient alors vacantes.

Numéro Trois a délivré un bulletin d'informations de routine qui a été enregistré par les systèmes automatiques de toutes les bases secrètes. Puis il m'a annoncé que dans deux heures, il allait prendre le contrôle de la station du Mont Shasta.

Les moniteurs se sont éteints, et je l'ai interrogé du regard. Sous sa cagoule, il a eu un petit rire amusé.

— Aurais-tu oublié le réseau des transmetteurs ?

J'ai secoué la tête.

— Non, pas du tout ! Mais ce que tu as dit signifierait-il que tu vas partir d'ici et m'y laisser seul ?

— En quelque sorte, oui. Tu commenceras par prendre le contrôle de cette station. Je suppose que Langström t'a tout expliqué, hormis peut-être ce qui concerne le transmetteur. Tu vas m'y accompagner, s'il te plaît. Ainsi, tu sauras comment il fonctionne et tu seras capable de l'utiliser à tout moment. Au fait, parlant de Langström, il se sent très bien dans son pays natal, et dans la peau d'un retraité plutôt à l'aise. Toute sa vie durant, il a été un fonctionnaire modèle, zélé et consciencieux.

Sans répondre, j'ai suivi Numéro Trois dans un secteur de la station où je n'avais encore jamais mis les pieds. La galerie que nous avons empruntée se terminait face à une porte qui, comme toutes les autres, se confondait avec la muraille de pierre. Une pression du plat de la main, et le panneau s'ouvrit sur une petite salle au milieu de laquelle se dressait un caisson, de la hauteur d'un homme, ressemblant à une cabine d'ascenseur. Il n'y avait rien à l'intérieur, excepté un levier dont les différentes positions se lisaient sur une échelle graduée. Face à chacune des marques, une touche carrée devait servir de commande d'activation.

Numéro Trois est entré dans la cabine et a saisi la manette.

— Tu trouveras dans la centrale de contrôle la désignation codée qui correspond à chacune des stations. L'on ne peut utiliser le transmetteur qu'en ayant averti tous nos confrères. En effet, si deux personnes empruntaient en même temps ce moyen de transport instantané, il se produirait une collision très dangereuse aux conséquences terribles. Nous nous reverrons bientôt, Numéro Neuf…

Il a déplacé le levier face au repère voulu et a exercé une pression sur la touche qui s'est éclairée.

Une seconde plus tard, la cage du transmetteur était vide.

J'étais seul, totalement seul, dans les entrailles de l'Untersberg.

J'ai passé les heures suivantes à étudier les documents écrits que j'ai trouvés dans la centrale, de toute évidence laissés à mon intention pour que j'en prenne connaissance. Certains m'ont enseigné comment utiliser la banque mémorielle d'images et d'enregistrements audiovisuels, qui a aussitôt éveillé ma curiosité. Elle comportait sept sections distinctes : les cinq premières concernant les cinq continents, la sixième réservée à l'Antarctique et la septième consacrée aux divers océans de notre planète. Les données de datation correspondaient naturellement à notre chronologie usuelle basée sur l'année de naissance du Christ. Le « programme » de la banque mémorielle démarrait à − 10 000, remontait jusqu'à zéro puis jusqu'à nos jours.

Une heure plus tard, je savais que tous les enregistrements audiovisuels étaient des originaux provenant des quatre coins du monde, et que les plus anciens dataient effectivement de − 10 000 avant J.-C. J'ai assisté aux nouveaux débuts plus que primitifs de la culture humaine après la grande catastrophe qui avait eu lieu encore beaucoup plus tôt, vu des pharaons, suivi l'édification des pyramides, partagé des tranches de vie d'empereurs romains et germaniques, survolé des champs de bataille historiques, assisté à la mort de sorcières dans les flammes des bûchers et visité des marchés typiques du Moyen Âge.

Ce bref aperçu m'a révélé que j'avais devant moi le livre d'histoire le plus complet, détaillé et impartial qui puisse retracer toute la marche de l'Humanité. Et j'ai seulement regretté qu'il ne remonte pas à plus de douze mille ans de mon époque. Car c'est alors que les événements vraiment décisifs avaient eu lieu.

Je suis resté un jour entier dans la station sans que quiconque, parmi mes huit homologues, n'entre en contact avec moi. J'ai quitté l'Untersberg non sans avoir entré mon adresse personnelle dans l'ordinateur central, puis j'ai regagné mon village.

Peu à peu, j'ai commencé à mesurer combien il allait être difficile de garder le silence absolu sur tout cela.

En serais-je vraiment capable ?

Pour mon entourage, ma vie ne changeait en rien, si ce n'est que j'étais en voyage bien plus souvent que par le passé et que ma maison était vide pendant de plus longues périodes. Durant la première année, j'ai pu découvrir toutes les autres stations secrètes, y compris celle qui se cache sous les glaces éternelles de l'Antarctique et celle qui dort au fond de l'Atlantique, à la verticale du Triangle des Bermudes.

D'ailleurs, elle constituait pour la Fraternité un objet d'inquiétude majeure.

C'est Numéro Huit qui m'a expliqué le problème.

— Sache tout d'abord qu'elle est très ancienne. Elle date du temps de la Grande Catastrophe ; les premiers des Inconnus l'ont occupée dans l'état où elle était, et qui est toujours le sien. Hélas, même les meilleures des machines et des installations automatiques ne sont pas immortelles. Les premiers dysfonctionnements se sont manifestés il y a environ trois cents ans. Du fait que nous détenons uniquement le savoir, mais ne sommes pas capables de le mettre en pratique, il nous est impossible de réparer les dégâts. Les problèmes internes à la station provoquent des perturbations incontrôlables du champ magnétique terrestre, fort heureusement circonscrites à un périmètre géographique restreint. Le risque demeure tout de même élevé que nous soyons obligés de détruire purement et simplement cette base…

— Le Triangle des Bermudes… ai-je murmuré. C'est donc…

— Oui, hélas ! Autrefois, les conséquences n'étaient pas si dramatiques. La disparition d'un navire sans laisser de traces était presque la chose la plus naturelle du monde. Aujourd'hui, ce n'est plus la même musique : il survient de plus en plus d'incidents, les victimes et les morts s'accumulent, et nous en portons la responsabilité. Un jour, il nous faudra vraiment trancher sur le destin de cette station.

— Et par quel moyen sera-t-elle anéantie ?

— Toutes les dispositions appropriées ont déjà été prises. Le système d'autodestruction existe depuis les origines. Mais l'explosion engendrera un séisme de forte magnitude. L'on pensera à une éruption volcanique sous-marine, l'onde de choc donnera naissance à des vagues géantes qui pourront même atteindre l'Europe, sans toutefois causer de ravages y compris sur les côtes les plus proches. Et le Triangle des Bermudes aura cessé d'être…

Je suis resté un jour dans la pyramide, cachée à grande profondeur sous la surface de l'Atlantique. Des heures durant, j'ai parcouru d'immenses salles remplies de machines, des secteurs d'habitation et des coupoles d'observation. C'était pour moi évident : la gigantesque installation devait jadis avoir été occupée au maximum de ses capacités et plus tard seulement, après la catastrophe, avait été basculée en mode automatique de fonctionnement. Quant à sa fonction originelle, même la Fraternité n'en savait rien. Il ne subsistait aucun document ni enregistrement à son sujet.

Ensuite, le transmetteur m'a emmené en Antarctique.

La base qui se trouvait là-bas était en fait une dixième station, mais n'était pas considérée comme telle. Elle avait été construite sur un socle de roche dure, gisait sous une couche de glace épaisse de deux kilomètres et était hermétiquement isolée du monde extérieur. Lors de ma ronde de visite, j'ai découvert d'irréfutables indices prouvant qu'à une certaine époque, elle s'était dressée à la surface au milieu d'une végétation luxuriante. La rupture intentionnelle avec l'environnement avait dû survenir dès le début du bouleversement climatique.

J'ai estimé son âge à près de cinquante mille ans. Même si j'appartenais désormais au cercle des initiés, je n'ai pu m'empêcher d'avoir un frisson qui mêlait l'effroi au respect en songeant à ce que l'Humanité avait autrefois accompli, mis en jeu et perdu. Impossible de ne pas voir le parallèle avec ce qui se passait de nos jours et ce qui surviendrait demain.

C'est à cet instant que la question a surgi dans mon esprit : est-ce que la Fraternité agissait dans le sens qui était vraiment le bon ? N'était-ce pas une erreur bien plus grave de priver le monde de ces secrets qui lui seraient fatals ? N'eût-il pas mieux valu révéler toute la vérité ?

La tête ailleurs, j'ai arpenté les innombrables salles et centrales de contrôle sans prendre conscience des miracles technologiques devant lesquels je passais. L'idée de devoir absolument entreprendre quelque chose ne me quittait plus.

Il y avait toutefois un os. En aucun cas, je ne souhaitais devenir un traître semblable à ceux qui, au cours des temps, avaient dû choisir d'agir pour des raisons analogues. Et, au fond, à quoi étaient-ils arrivés, si ce n'est précipiter la concrétisation probable des sinistres menaces qu'étaient l'apocalypse causée par la technique et l'éradication planétaire de toute forme de vie ?

Il fallait cette fois, dans la mesure du concevable, emprunter une autre voie. La catastrophe devait être évitée, mais sans que je trahisse le secret des Neuf.

Seulement, quelle pouvait être cette voie ?

J'ai traîné encore deux jours pleins dans la station de l'Antarctique avant de regagner l'Untersberg. Dans le monde normal, trois semaines s'étaient écoulées. Je n'ai eu aucune difficulté à fabriquer un petit film de mon prétendu voyage en Amérique afin de le projeter à mes amis. Tous ont regardé avec envie les impressions hautes en couleur que j'avais ramenées de là-bas, et nul d'entre eux ne s'est douté des soucis qui me tourmentaient en réalité.

Par la suite, j'ai enchaîné les « voyages » de durée plus longue et, à maintes reprises, je suis parti – ou, plus exactement, j'ai déserté mon domicile – pour près de six mois. Peu à peu, les gens s'y faisaient, admirant mon allure juvénile alors que j'avais dépassé les soixante ans. Je commençais à pressentir qu'il me faudrait bientôt disparaître du cercle de ceux qui me connaissaient trop bien.

C'est donc ainsi, me disais-je avec amertume, *quand l'on vieillit moins vite que son entourage. Pour un immortel, s'il en existe, ce doit être carrément démoralisant...*

De quelle façon devais-je donc arranger ma « disparition » ? J'ai rejoint la station du massif des Andes, près du cours supérieur de l'Amazone, et j'en ai discuté avec Numéro Sept. Il portait évidemment sa cagoule, et j'ai réalisé que j'aurais à faire de même dès que je deviendrais Numéro Huit.

— Ce n'est pas un problème, m'a-t-il répondu d'un ton léger, comme s'il souriait sous son masque. Peux-tu te figurer combien de milliers de personnes disparaissent chaque année sans laisser de traces ? Le cercle de tes connaissances et de tes amis n'a aucune importance, comparé à ta mission. Tu fais sans arrêt des voyages, eh bien, tu ne reviendras tout simplement pas de l'un de tes prochains. Tu te seras perdu, voilà tout. Un an plus tard, on t'aura oublié.

— Et si jamais je croise l'un d'entre eux ?

— Il ne te reconnaîtra pas. Tout est prévu pour de telles éventualités.

— Je ne peux tout de même pas les quitter sans leur faire mes adieux ! Peut-être parce que je suis trop sentimental...

Deux yeux bleu azur m'ont scruté avec intensité.

— On s'y habitue...

Ce regard clair me posait un problème. Ils me rappelaient quelqu'un que j'avais probablement rencontré un jour. Numéro Sept savait donc qui j'étais. Et moi, je ne le verrais jamais à visage découvert. Le système de sécurité était parfait...

— Je n'ai pas d'autre choix, ai-je murmuré.

— Non, a déclaré mon interlocuteur sans s'étendre davantage.

J'ai laissé passer cinq ans, qui n'ont pour moi duré que six mois. Le ralentissement temporel variait d'une station à l'autre et l'on ne pouvait ni le calculer à l'avance ni le déterminer avec précision.

Deux fois déjà, j'avais manqué la réunion annuelle de mon cercle d'amis. Mais ce jour-là, j'y étais. J'avais enfin décidé de faire mes adieux.

Rico s'est avancé vers moi.

— Bon sang, tu as à peine changé ! Comment réussis-tu ce prodige ?

— Je vis très sainement, ai-je affirmé en riant même si je n'étais guère d'humeur à plaisanter. Mais vous aussi, vous m'avez tous l'air d'être en grande forme !

Nous nous sommes autour de la cheminée où brûlait un bon feu, et qui occupait le centre de la grande pièce que nous avions baptisée la « salle des chevaliers ».

— Tu veux donc partir pour l'Australie ? s'est assuré Éric après que j'ai évoqué mes futurs projets de voyage. Ça va sûrement te plaire, mon vieux. Sydney, Perth…

— Pas les villes ! l'ai-je interrompu. L'intérieur des terres. Je veux traverser ce continent en jeep.

— Tu es tombé sur la tête ? Même de nos jours, c'est plein de dangers mortels…

— Justement, c'est ça qui m'attire. Il y a encore des tonnes de choses à découvrir. On ne connaît la majorité du territoire australien que depuis le ciel, pour l'avoir survolé.

— Tu pars seul ?

— Oui.

Des flammes claires dansaient au-dessus des bûches et Berndt a dû éloigner un peu la broche. Une odeur appétissante de viande grillée flottait autour de nous.

— Tu y laisseras la peau, au détour d'une piste ou d'un mauvais chemin, a sombrement prophétisé Willi sans se douter à quel point sa remarque m'arrangeait. Une expédition de ce genre, ça ne peut pas se dérouler sans problème…

— Tu ne peux vraiment pas emmener l'un d'entre nous ? a insisté Uli. Moi, par exemple…

Tous ont éclaté de rire, et j'ai fait de même.

Cette soirée a été une merveilleuse fête d'adieu, mais à part moi, personne ne le savait.

Quelques jours plus tard, un gros titre du journal m'a sauté aux yeux.

DÉCOUVERTE SENSATIONNELLE !

L'ingénieur italien en électrotechnique Carlo Bastelli a manifestement réussi à améliorer notablement le principe de l'aéroglisseur grâce à la neutralisation partielle de la pesanteur terrestre.

Un prototype sans pilote, qu'il a présenté hier à un cercle d'experts reconnus, s'est élevé d'environ dix mètres au-dessus de la surface de l'eau sans utiliser le coussin d'air habituel puis il a accéléré jusqu'à atteindre plus de cinq cents kilomètres à l'heure.

L'inventeur affirme que l'engin, équipé d'un réacteur, sera capable de franchir le mur du son.

Bastelli n'a fourni aucune précision sur les détails techniques de sa découverte. Les spécialistes s'accordent toutefois pour dire que l'ingénieur est arrivé à neutraliser une grande part de l'attraction gravitation-

nelle par la génération tout à fait inédite de champs électromagnétiques, de sorte que le poids de l'engin concerné ne joue plus aucun rôle.

Il est encore impossible de prédire l'apport d'un principe aussi révolutionnaire dans le domaine du transport de passagers, et le gain considérable de rapidité qu'il autorisera lors de déplacements de troupes militaires.

Voilà ce que disait l'article.

La neutralisation de la pesanteur… Un vieux rêve aussi ancien que l'Humanité ! Ainsi donc, il s'était réalisé ? Oui, cela signifiait une inconcevable accélération du développement des systèmes de transport. Par exemple, des navires géants qui, planant à une dizaine de mètres d'altitude, pourraient traverser l'Atlantique plus vite qu'un avion à réaction…

… ou encore des missiles à tête nucléaire qui voleraient autour de la Terre à des vitesses ahurissantes, en restant en dessous de la couverture radar, et seraient capables de frapper leurs cibles où qu'elles soient situées.

N'y avait-il donc plus aucune innovation technologique qui ne soit annexée au perfectionnement de la destruction ?

J'ai repris le journal. Il était indiqué, en bas de l'article : « Voir la suite en page huit. » Je suis vite allé voir.

Le *cursus* de Carlo Bastelli était succinctement évoqué. Après les petits travaux d'étude de ses débuts, il avait progressé grâce à son ardeur au travail et, surtout, s'était très vite fait remarquer à cause de son intelligence exceptionnelle. Il avait obtenu des bourses, reçu des prix, soutenu plusieurs thèses sur des sujets de théorie pure. Et là, d'un coup, il crevait littéralement l'écran.

Mon regard est tombé sur sa photographie.

Le cliché n'était pas très net, et même relativement flou. J'ai pourtant sursauté. Le visage ne me semblait pas tout à fait inconnu, mais je ne pouvais me souvenir d'avoir croisé cet homme à un moment ou un autre de ma vie.

J'allais reposer négligemment le journal quand une pensée m'a traversé l'esprit et un soupçon m'a assailli. Si fantastique, si irrationnel que je me suis taxé de fou. Mais d'un autre côté, je savais maintenant qu'il n'y avait rien, non, absolument rien d'impossible en ce monde.

TROISIÈME PARTIE

DÉCISION

Depuis ma station, j'ai appelé les autres et appris que Numéro Un se trouvait en Afrique, mais pas dans la base du Karisimbi. Il se tenait toutefois à proximité immédiate et son absence serait brève, car aucune adresse ne s'est affichée sur l'écran.

Le transmetteur m'a expédié au cœur de la montagne qui se dresse à environ deux cents kilomètres à l'ouest du Lac Victoria et culmine à plus de quatre mille mètres. Nul n'aurait pu supposer qu'elle recèle dans sa masse de gigantesques cavités dénuées de tout accès depuis l'extérieur.

Numéro Un est entré dans la salle de repos de la station peu après avoir trouvé mon message dans la centrale de contrôle. Sans lui laisser un instant pour une question, j'ai sorti le journal de ma poche et l'ai ouvert sur la table. En silence, j'ai pointé du doigt sur l'article et la photo.

Numéro Un a lu le texte et examiné le cliché relativement flou. Puis, à travers les trous de sa cagoule, son regard s'est fixé sur moi.

— Qu'est-ce que ça veut dire ? a-t-il fini par demander.

— Ce Carlo Bastelli…

— Oui, mais encore ?

— Tu n'as pas l'impression de connaître ce visage, malgré quelques modifications ? Moi, je suis certain de l'avoir déjà aperçu dans les archives. Je voulais juste une confirmation de ta part et, à ta voix, je te sens hésitant. L'homme de la photo a subi une intervention de chirurgie esthétique, c'est évident, mais la ressemblance demeure.

Numéro Un a de nouveau étudié le cliché, un plus long moment et avec une attention plus soutenue. Puis il a relevé les yeux sur moi.

— La qualité de l'image est déplorable, mais tu pourrais bien avoir raison. Les traces de l'opération sont à peine visibles et, en effet, ce Bastelli pourrait bien être le Comte de Saint-Germain.

— Et alors, dans ce cas…

Numéro Un a réfléchi un bref instant.

— Nous devons en informer les autres. Qu'un seul d'entre nous passe à l'action de manière isolée n'aurait aucun sens. Bastelli réside à Trieste, en pleine ville, et sa trace s'y perdrait facilement. Que suggères-tu ?

— Un journaliste. Je vais tenter d'obtenir une interview du personnage.

— Cela ne suffira pas ! a répliqué Numéro Un sur un ton ferme et cassant. L'ordre est de tuer cet immortel, et c'est un ordre qui date déjà d'il y a plusieurs millénaires.

— Un meurtre… ai-je reformulé avec effroi.

— Non, rien que l'exécution d'une très ancienne sentence ! a corrigé Numéro Un. Ne peux-tu imaginer quels ravages cet individu va causer en offrant à l'Humanité d'aujourd'hui le savoir qui a jadis anéanti toute une florissante civilisation ? Maîtriser la gravitation peut tout autant induire un extraordinaire saut de l'évolution que mener droit à la catastrophe. Les secrets de cette technologie ont déjà été percés il y a très longtemps. Les hommes de cette lointaine époque en ont largement bénéficié, puis ils les ont utilisés pour s'autodétruire. C'est exactement ce qui se reproduira d'ici peu, même si ce Bastelli n'en est encore qu'au début assez modeste de ses révélations au grand public.

— Qu'au début… ?

— Tu es bien assez inventif pour te figurer quelle sera la suite ! m'a-t-il renvoyé avec acrimonie avant d'ajouter sur un ton redevenu amical : Ne t'inquiète pas, les choses n'iront pas si loin cette fois. Maintenant, regagne ta station. Nous nous verrons peut-être bientôt à Trieste.

— La cagoule ! lui ai-je rappelé.

Il a éclaté de rire.

— Je ne la porterai pas, bien sûr ! Sinon, tu pourrais directement me reconnaître – d'une certaine manière seulement.

Il avait raison, et ô combien !

À visage découvert, Numéro Un serait pour moi un parfait inconnu.

Je ne me suis pas attardé plus de quelques heures dans l'Untersberg, pour éviter qu'il ne s'écoule trop de temps dans le monde extérieur. Après avoir réétudié les dossiers conservés dans les archives et comparé les visuels disponibles avec le cliché publié par le journal, j'ai eu l'irréfutable certitude que Bastelli et le Comte de Saint-Germain étaient une seule et même personne.

Officiellement, il n'existait ni image ni photo du Comte, mais uniquement de vagues descriptions fournies par certains de ses contemporains du moment. Dans la base de données de la Fraternité, il en allait tout autrement. Les *instantanés* classés par ordre chronologique le montraient dans différentes tenues vestimentaires en accord avec les usages des diverses époques concernées. Il y avait cependant un invariable commun à toutes ces représentations : la distance étonnamment faible séparant les pupilles du personnage était partout la même.

J'ai glissé la photo du journal sous le dispositif de correction d'échelle qui allait me permettre de faire une comparaison exacte, quantifiée par la mesure. Gagné ! Cette distance, impossible à modifier par n'importe quel moyen chirurgical, était rigoureusement identique chez Carlo Bastelli.

Ce qui balayait pour de bon le dernier doute.

Je suis parti pour Trieste avec, en poche, une carte de presse m'annonçant comme collaborateur scientifique à un magazine spécialisé en géophysique. Ma destination était une ville dans laquelle j'avais de nombreux amis. Pour vieillir un peu mon apparence, je m'étais donc fait teindre les cheveux en gris.

La maison de l'ingénieur prodige était littéralement assiégée par une horde de *paparazzi* avides de sensations. Je n'avais plus qu'à me mêler à cette foule et à attendre ma chance.

Elle m'a souri en fin d'après-midi quand Carlo Bastelli a fait savoir qu'il était prêt à recevoir durant une demi-heure les envoyés des journaux spécialisés parmi les plus en vue, et que la presse de boulevard n'avait qu'à aller se rhabiller.

Je suis entré en même temps qu'un groupe d'à peu près vingt personnes dans la maison de campagne située à l'écart de la ville. Nous étions suivis par les regards scrutateurs de plusieurs policiers et d'agents gouvernementaux en civil. Trois de ceux-ci portaient des costumes noirs et des chapeaux de la même couleur, un détail qui ne m'est revenu que bien plus tard.

Bastelli trônait derrière un imposant bureau, et il a commencé par nous examiner d'un œil intéressé. J'ai eu l'impression qu'il me sondait jusqu'au plus profond de mon être et, l'espace d'un éclair, j'ai cru sentir qu'il se doutait de quelque chose. Mais je me suis dit que cela devait être absolument impossible.

Ce qui ne m'a pas vraiment surpris, c'est qu'il avait les yeux singulièrement proches l'un de l'autre.

Il n'a pas tardé à briser le silence empli d'expectative.

— Allez-y, Messieurs, commencez l'interrogatoire ! Et soyez aussi brefs que vous le pouvez, car je dispose de très peu de temps.

Il serait superflu de restituer ici le jeu de questions-réponses dans son intégralité. Mon magnétophone enregistrait, et je me suis tenu en retrait sans prononcer un mot. Je n'ai imité les autres journalistes que quand ils se sont mis à prendre des photos.

De retour à l'hôtel, j'ai écouté au calme la totalité de la conférence de presse en m'efforçant de repérer une preuve sonore de l'identité réelle du prétendu Bastelli. En vain… Non seulement il n'existait aucun moyen de comparaison, mais l'homme s'exprimait en termes accessibles à tous et avec une extrême précaution. Néanmoins, j'ai noté qu'il manquait de conviction en affirmant tout son espoir de voir son invention marquer une étape décisive sur le chemin de la paix éternelle.

J'ai focalisé mon attention sur le ton qu'il employait. N'était-il pas empreint de cynisme ?

Qu'entendait-il vraiment, pour l'Humanité, par la « paix éternelle » ?

Nous nous sommes réunis dans le Gávea, près de Rio. La station était alors le domaine de Numéro Trois. À nouveau, j'étais le seul à me présenter à visage découvert. Je me suis demandé si Numéro Un s'était lui aussi rendu à Trieste en même temps que moi.

Le grand écran mural affichait dix portraits du suspect. Le dernier était la photo que j'avais prise. Un comparateur à faisceau lumineux procédait au relevé automatique des principales dimensions caractéristiques des dix visages. Sa précision était de l'ordre du micron. Mesuré de centre à centre, l'écartement des pupilles s'est avéré strictement identique sur les dix images. Ce n'était en rien un pur hasard.

— L'erreur est impossible, c'est bien lui ! a déclaré Numéro Un. Et je m'y attendais, aussi ai-je déjà lancé toutes les phases nécessaires pour la suite, en présupposant votre accord unanime. Le Comte est pour ainsi dire un homme mort.

Un murmure approbateur a entériné la sentence.

Cela me paraissait bien trop précipité. Sans parler de mon désir secret d'en apprendre davantage sur le passé du personnage – et directement de sa part. C'était l'ultime témoin encore vivant de plusieurs millénaires de l'histoire humaine.

Numéro Un a poursuivi :

— J'ai retiré de notre fonds cinq kilogrammes d'or qui serviront de moyen de paiement. Les hommes dont la mission sera ainsi réglée ignorent qui est leur commanditaire. Ils pensent que c'est une grosse société qui les a engagés. Oui, cette fois, il faut se débarrasser définitivement du Comte.

Je me suis moi-même effrayé en m'entendant prendre la parole :

— Notre Fraternité s'est donné pour devoir d'assister l'Humanité et de lui éviter de se détruire. Nous incarnons des principes de haute éthique. Cela peut-il s'associer à un meurtre ?

Huit paires d'yeux m'ont fixé à travers les trous des cagoules.

— Tout à fait, a affirmé Numéro Un d'un ton sévère. À moins que tu n'aies une meilleure solution ?

— Privez-le de ses souvenirs, comme vous l'avez fait à votre prédécesseur !

— Tu oublies l'énorme différence entre le Comte et Langström. Saint-Germain est immortel, pas l'ex-Numéro Un. Tôt ou tard, qu'il soit rendu amnésique ou doté de faux souvenirs, le Comte finirait par être repéré comme quelqu'un qui ne vieillit pas. Il serait fatalement appréhendé et conduit dans une institution spéciale. Et alors ? Au bout de quelques années, le constat serait confirmé, l'on engagerait des examens de plus en plus poussés, et il ne faudrait pas exclure l'éventualité d'une rupture du blocage mémoriel dans les conditions nécessairement extrêmes des investigations effectuées. Ce serait la catastrophe : le Comte n'aurait pas le moindre scrupule à déballer toutes ses connaissances. Je te laisse imaginer ce qui se produirait ensuite avec une probabilité maximale…

Je savais qu'il avait raison, même s'il me restait quelques doutes.

Sans un mot, j'ai donné mon assentiment d'un signe de tête.

Je ne suis pas revenu de mon périple à travers l'Australie.

Dans le journal local, la brève notice nécrologique a précisé que j'étais certainement tombé en panne avec ma Jeep lors de mon voyage dans les contrées presque inexplorées de ce continent, que ma radio avait cessé de fonctionner, et que même les recherches entreprises avec des avions de tourisme étaient demeurées infructueuses. Six mois plus tard, j'ai été déclaré officiellement mort et, du fait que je n'avais aucune proche parenté, mes modestes biens ont été légués à la société de protection animale mentionnée dans mon testament.

Moi-même, en possession d'une nouvelle identité, je suis sorti d'une clinique privée quelque part aux États-Unis et j'ai pris le chemin du retour vers l'Europe. J'ai acheté un deux pièces dans une grande résidence de Salzbourg et y ai emménagé. Personne ne me connaissait, et les gens ne se souciaient en rien les uns des autres.

J'avais quarante ans d'âge apparent. Mon visage avait subi une modification vraiment importante et j'avais même de nouvelles empreintes digitales. J'allais pouvoir, durant au moins vingt ans, circuler parmi mes semblables sans être ennuyé et sans éveiller de soupçons. Même mes anciens amis ne seraient pas capables de m'identifier.

J'exerçais une activité commerciale et, à ce titre, je me déplaçais beaucoup. C'est ainsi que l'un de mes premiers voyages professionnels m'a ramené à Trieste.

Au préalable, j'étais passé par ma station de l'Untersberg pour y récupérer les informations récentes. Bastelli était toujours en vie, mais, suite à une tentative ratée d'attentat, il avait disparu sans laisser de traces. Et tous ses plans étaient partis avec lui, de sorte que même les spécialistes scientifiques ne pouvaient rien faire de son invention. Il ne leur restait que le prototype expérimental, et ils n'osaient pas le mettre en pièces pour l'étudier…

Trois mois s'étaient écoulés depuis que l'homme s'était volatilisé. J'avais donc peu d'espoir d'arriver à de meilleurs résultats qu'Interpol, entrée récemment dans la danse. C'était comme si Carlo Bastelli s'était dilué dans le néant. Sa maison de campagne était vide et des curieux n'y venaient plus que rarement pour la regarder depuis la rue avec des yeux ébahis. Le jardin aux allures de parc commençait à ressembler à une jungle.

Je n'ai eu aucun mal à m'introduire dans la bâtisse et à en explorer les pièces l'une après l'autre. Bien évidemment, la police était passée là avant moi, mais elle avait pu oublier un infime détail.

Les tiroirs du bureau massif étaient fermés à clef. Il possédait aussi un compartiment secret que j'ai fini par ouvrir, après moult tâtonnements, en appuyant au bon endroit sur un panneau latéral. Mais la cachette était vide.

Entre-temps, le soir avant commencé à tomber. Il serait bientôt l'heure de regagner mon hôtel. J'avais à peine fait un pas dans le hall d'entrée qu'une puissante lampe s'est allumée, me plongeant dans son faisceau aveuglant. J'ai à demi fermé les yeux et me suis figé sur place.

— Qui diable avons-nous là ? a fait une voix brutale. Un privé, n'est-ce pas ?

L'individu n'était évidemment pas de la police. J'ai eu la présence d'esprit de rétorquer :

— Il n'y a rien à piquer ici !

— Pas de bol, hein ? Alors, tire-toi en vitesse !

— Nous sommes collègues ? ai-je ajouté prudemment.

— Peut-être… Tu cherches quoi, toi ?

— Sûrement la même chose que toi.

— Je n'en crois rien !

Il ne s'exprimait pas comme un Italien. Il a décrit un cercle avec le faisceau de sa lampe-torche, sans s'éclairer le visage, puis a ramené la lumière sur moi.

— Tu avais juste l'intention de piquer des trucs ? Tu n'as pas du tout l'air d'un voleur…

J'avais au passage remarqué qu'il avait rengainé son pistolet. Il me considérait donc comme inoffensif, ce en quoi il se trompait lourdement. Je n'aurais peut-être rien tenté et me serais contenté de filer si un soupçon particulier ne m'était venu à l'esprit. J'étais intrigué par son allusion au fait qu'il cherchait ici tout autre chose que moi.

C'est pourquoi j'ai agi.

D'un bond, je me suis rapproché de lui et l'ai heurté avec violence. Il ne s'attendait pas à cette brusque attaque, et il a perdu l'équilibre. Tandis qu'il tombait, j'ai saisi la crosse de son arme et l'ai sortie de son étui. Puis je me suis emparé de sa lampe-torche et j'ai reculé prestement, tenant l'homme en joue avec le pistolet.

Il avait aux alentours de trente ans et son visage encadré de cheveux blonds trahissait sa surprise. Rien d'autre. Il a semblé tendre l'oreille, et il a ricané.

— Tu ferais mieux de rester tranquille, m'a-t-il avisé. Sinon, tu n'as plus que quelques minutes à vivre…

Son assurance m'a déstabilisé. En outre, j'entendais moi aussi du bruit, ailleurs dans la maison. Des pas se sont rapprochés, puis le lustre pendu au plafond s'est allumé. Trois hommes se tenaient dans le hall d'entrée, pointant leurs pistolets sur moi.

— Et alors… ? m'a lancé l'un d'eux en traînant sur les mots. Donne ton arme, ou on tire !

J'ai compris qu'il serait vain de résister, et j'ai obéi. L'individu que j'avais renversé s'est relevé et m'a frappé d'un coup de poing à l'estomac. Pas très méchant, presque amical.

— La prochaine fois, fais davantage attention ! m'a-t-il dit avant de se tourner vers les autres : On le laisse partir ?

— Il sait peut-être où se cache Bastelli, a objecté l'un de ses comparses. Ce serait peut-être mieux de lui faire cracher le morceau…

Ce n'était donc pas du butin qu'ils cherchaient, mais bien l'ingénieur. Ces hommes n'avaient rien de cambrioleurs ordinaires. J'ai tout misé sur une carte.

— Votre mission serait donc de le trouver – et de l'éliminer ?

J'ai retenu mon souffle tandis qu'ils me scrutaient avec des yeux ronds.

— Comment t'as deviné ? m'a demandé le blond, plus vite remis de sa surprise que les autres. C'est une histoire de fous !

— Si c'est bien ça, alors nous sommes dans la même barque, ai-je répondu en restant dans la même logique. On vous a payés avec de l'or, n'est-ce pas ?

Ils se sont jeté des regards éloquents, se concertant sans échanger une parole.

— Qu'est-ce que ça peut te faire ? a répliqué l'un des autres individus, l'air mauvais.

— Si c'est le cas, je suis l'un de vos commanditaires. On vous a donné cinq kilos d'or. Pourquoi n'avez-vous pas encore exécuté la mission ?

— Qui est-ce qui est derrière tout ça ?

J'ai secoué la tête.

— Désolé, mais vous ne le saurez jamais. Sinon, votre vie ne pèserait plus très lourd. Mieux vaut que vous ne cherchiez pas à le découvrir…

C'était maintenant moi qui avais l'avantage, et la situation s'était nettement retournée en ma faveur.

— Où est Bastelli ? ai-je ajouté.

— C'est ce qu'on voudrait bien apprendre ! Ça fait trois mois qu'il a disparu. Sans laisser de traces. On est presque allés jusqu'à l'autre bout du monde pour le dénicher, en vain. On est revenus ici en espérant récupérer un indice.

— Pareil pour moi, ai-je avoué. Et alors, vous avez quelque chose ?

— Rien de rien…

Bastelli était donc toujours en vie et se planquait quelque part. Il me fallait absolument le trouver et discuter avec lui. Mais si ces quatre tueurs à gages avaient été incapables de le débusquer, comment y arriverais-je, moi ?

— Continuez à chercher, on vous a payés pour ça. Et qu'il ne vous vienne pas à l'idée de filer à l'anglaise, car on vous remettra la main dessus. Où que vous soyez !

— Pigé, patron ! ont répondu les quatre types comme un seul homme.

J'ai approuvé d'un signe de tête.

— Si jamais c'est moi qui le trouve en premier, je vous avertirai. Dites-moi où vous joindre.

— À Trieste. On a une boîte à la poste principale. Numéro 5 K, comme « cinq kilos ». L'un de nous y passe une fois par semaine et regarde s'il y a quelque chose pour nous.

— C'est bon. Si besoin, j'irai y mettre un message. Mais vous aurez peut-être plus de chance que moi…

— Dommage pour Bastelli, si c'est le cas, a conclu le blond avec un sourire à glacer le sang.

Ah, comme j'aurais aimé lui balancer un direct en pleine figure ! Je me suis forcé à sourire gentiment, j'ai quitté la maison et gagné une rue adjacente en traversant le parc. Puis je suis rentré à pied à l'hôtel. La promenade m'a fait du bien.

J'ai trouvé Bastelli plus vite que je ne l'espérais et, surtout, dans des circonstances tout autres que réjouissantes. Car elles ont méchamment mis à mal la confiance que j'avais en moi-même.

En effet, j'étais devenu de plus en plus sûr de moi après avoir rencontré certains de mes vieux amis d'autrefois sans qu'ils me reconnaissent. Jadis, ils étaient d'une vingtaine d'années plus jeunes que moi. Maintenant, nous étions sensiblement du même âge. Ils m'évoquaient à peine au cours de leurs discussions. Pour eux, j'étais bel et bien mort.

Après un bref séjour dans la station du Gávea, j'ai renoncé à emprunter le transmetteur et j'ai réservé une chambre d'hôtel à Rio. Quelques jours de repos me seraient salutaires, me disais-je. La Fraternité avait promis aux quatre tueurs à gages une « rallonge » de cinq kilos d'or qui leur serait remise dès confirmation – dûment authentifiée – de la bonne exécution du contrat.

Un soir, j'ai erré sans but à travers la ville, allant d'un bar à l'autre pour boire un planteur ou une bière. Je ne cessais de me dire que ma mission personnelle était déjà un échec. Pour finir ma balade, j'ai choisi un café sur la promenade de la plage et, l'esprit ailleurs, j'ai observé les passants qui flânaient au bord de l'océan. C'est pourquoi je n'ai pas vu l'homme s'avancer par derrière moi jusqu'à ma table et s'asseoir sur la chaise restée vide. Lorsque je me suis retourné vers lui, j'ai fixé avec stupeur un visage à la barbe noire très fournie qui, de loin, m'a fait penser à celui de Fidel Castro.

Avant que j'aie pu prononcer un mot, il a levé la main gauche d'un geste apaisant et, avec la droite, a légèrement écarté un pan de son veston. J'ai aperçu la crosse du pistolet rangé dans l'étui que l'homme portait en bandoulière.

— Gardez votre sang-froid, Numéro Neuf ! Pour vous, je crains fort que la chasse ne soit terminée. Terminez votre verre, et ensuite nous partons.

Je l'ai fixé d'un air désemparé. La barbe changeait considérablement sa physionomie. Mais l'écartement de ses pupilles correspondait.

— Comment… comment avez-vous fait pour me reconnaître ? ai-je bafouillé.

Le choc de cette rencontre imprévue m'avait littéralement paralysé.

— Finissez donc de boire ! Et réglez votre consommation, pour éviter tout problème. Mon hôtel est juste au coin de la rue.

J'ai glissé un billet sous mon verre encore à moitié plein.

— Quelles sont vos intentions ? ai-je demandé en sentant ma gorge presque nouée par la peur. Je ne vous ai rien fait. Qui êtes-vous exactement ?

J'aurais peut-être dû me lever d'un bond et filer à toutes jambes. Ou attirer l'attention des passants.

L'homme a souri, et son regard acéré m'a transpercé comme la lame d'un poignard.

— Vous êtes un piètre comédien, Numéro Neuf ! Vous songeriez à fuir ? Que raconteriez-vous ensuite aux gens ? Et qui irait croire une histoire aussi fantastique ? Ne soyez pas idiot, venez avec moi !

— Vous vous méprenez sur la situation, Bastelli – ou quel que soit le nom que vous portiez aujourd'hui. Je voulais discuter avec vous, c'est pour ça que je vous cherche depuis des mois.

— Mais vous avez négocié avec les malfrats chargés de m'assassiner…

— En apparence seulement !

C'était la vérité vraie, mais réussirais-je à l'en convaincre ? Toujours est-il qu'il a opiné du chef.

— D'accord, nous allons parler. Mais pas ici.

Il a reboutonné son veston et s'est levé. J'ai fait de même. J'avais encore peur et cherchais désespérément une échappatoire. Je m'étais vraiment imaginé notre entrevue de façon radicalement différente.

Par le diable, comment pouvait-il savoir qui j'étais ?

Comme deux vieilles connaissances en promenade, nous avons longé l'alignement des façades du front de mer en louvoyant parmi les nombreux badauds qui profitaient de la chaleur de la soirée. Puis nous avons obliqué dans la rue adjacente. Mon compagnon est allé récupérer sa clef. Dans l'ascenseur, nous n'avons pas échangé un mot. C'est seulement après avoir ouvert la porte de son appartement et m'avoir laissé le précéder qu'il a dit :

— Soyez ici comme chez vous, Numéro Neuf. Je vais commander de quoi boire. Si je ne m'abuse, c'est un triple bourbon que vous préférez dans des situations semblables…

J'ai acquiescé en silence. Il était donc aussi au courant de mes habitudes ! L'histoire devenait de plus en plus mystérieuse.

Le garçon d'étage a apporté les boissons. Puis nous nous sommes installés dans de confortables fauteuils, de part et d'autre de la table basse. Fenêtres et volets étaient clos. Nous étions seuls et je me sentais très isolé. Mais, bizarrement, plus aucune angoisse ne m'oppressait.

— Puisque vous savez qui je suis, a fini par déclarer mon vis-à-vis, je peux m'épargner un long récit préliminaire. Tout au moins pour le moment présent. Quant à vous, vous avez marqué un plus en ne vous insurgeant pas directement lors de ma « condamnation », mais en formulant juste des doutes sur son bien-fondé. En cela, vous avez pris la meilleure option. Certes, selon les très anciennes lois de ceux qui détiennent la connaissance, je suis un traître. Cependant, ces lois sont dépassées depuis fort longtemps.

— La Fraternité…

— Cela fait bien des lustres qu'elle a cessé d'incarner des traditions compatibles avec l'époque. Je le concède, je me suis trompé une fois, mais le temps m'a donné raison dans les grandes lignes. Où l'Humanité en serait-elle aujourd'hui si, çà et là, je ne m'étais pas immiscé dans ses affaires et ne l'avais pas aidée ? Aux jours les plus sombres du Moyen Âge, vous pouvez me croire. On s'éclairerait encore à la bougie et on se chaufferait au feu de bois.

— Il aurait peut-être mieux valu, ai-je objecté.

— C'est vraiment votre avis ? Le retour à la nature, c'est ça ? Oui, en un sens, cela aurait pu avoir un avantage : il y aurait moins d'hommes sur la Terre et elle ne serait pas surpeuplée. Le contraire de ce qu'elle est à présent. Et c'est bien là le problème majeur. On ne peut le résoudre que grâce à une accélération du développement technologique.

Il n'était pas complètement dans l'erreur, mais je voulais et devais le contredire pour déterminer la vérité. Il me fallait suivre à cent pour cent le fil logique de la Fraternité afin de l'arracher à sa réserve.

— *Quid* de la découverte que vous avez faite et divulguée sous le nom de Bastelli ? Ne va-t-elle pas servir à perfectionner les armes et les machines de guerre ? Toutes les nouvelles inventions ne concourent-elles pas, à terme, à la destruction de la vie humaine ?

— Non, pas toutes ! m'a contré mon interlocuteur avant de se racler la gorge. La guerre n'est en rien la mère de toutes choses. Elle ne constitue qu'un sous-produit du progrès et un instrument inapproprié pour la politique. On n'y changera rien, il en est ainsi depuis que l'Homme a découvert le feu. Ou l'arc et la flèche, en leur temps une superarme, car ils ont permis pour la première fois de tuer à distance. D'abord pour la chasse, donc la survie, puis pour l'élimination de l'ennemi et pour le meurtre. Il en va de même pour chaque découverte. Au début, ses bienfaits sont une bénédiction. Plus tard, elle apporte la mort.

— Le fer, le pétrole, l'atome…

— Toutes les découvertes, sans exception ! a-t-il appuyé d'une voix ferme.

— Mais pourquoi cette systématique ? ai-je protesté. Il fallait l'empêcher !

Mon vis-à-vis s'est calé contre le dossier de son fauteuil et m'a scruté un long moment.

— Jadis, avant l'apocalypse planétaire, la technologie qui régnait sur le monde s'était développée d'elle-même. Une invention en engendrait une autre. Le niveau de développement était extraordinaire. Pourtant, cette technologie a détruit la civilisation d'alors. C'est exactement ce que je veux éviter à l'Humanité actuelle. J'ai toujours espéré qu'une évolution technique contrôlée rendrait les hommes plus clairvoyants et plus prudents, et j'ai eu raison sur bien des points. Hélas, pas sur tous. Or, nul ne sait faire machine arrière à la roue du temps. Me voici donc obligé de laisser les choses continuer sur leur lancée. Vouloir les arrêter pour qu'elles repartent en sens inverse mènerait droit à la catastrophe.

— Elle a déjà commencé, l'ai-je contredit sur un ton de reproche. La crise énergétique…

— Ce n'en est pas encore une vraie. L'homme civilisé vit au-dessus de ses moyens, voilà tout. S'il réussissait à se contenter du strict nécessaire, cette crise ne se produirait même pas. L'Humanité est devenue trop dépendante du pétrole en tant que source d'énergie, alors qu'il existe des alternatives bien meilleures. Par exemple, l'attraction gravitationnelle…

— Toutes les centrales hydroélectriques fonctionnent grâce à la gravitation ! Sans elle, l'eau ne coulerait pas !

— Exact. De même, tout aussi inépuisables sont les énergies engendrées par le flux et le reflux des marées. Inépuisables, et inexploitées… Des centrales appropriées, installées sur les côtes du nord de l'Europe, pourraient approvisionner tout le continent en électricité. Mais tous les conseils que j'ai donnés sont restés lettre morte.

— Pas pour l'énergie nucléaire ! ai-je affirmé, impatient d'entendre sa réaction.

— Je n'ai pas été totalement étranger à sa découverte, a-t-il concédé. Cependant, j'aurais dû mieux connaître l'Homme. Car évidemment, il a dévoyé ce nouveau savoir pour développer une effroyable arme destructrice au lieu de l'appliquer seulement à des usages pacifiques. Quoi qu'il en soit, l'énergie nucléaire n'est qu'une solution intermédiaire, du fait que les sources qui lui sont supérieures et préférables ont jusqu'à présent été négligées. Donc, soit c'est elle, soit c'est la stagnation – jusqu'à ce que les temps soient mûrs.

— Mûrs, pour quoi ?

Il a souri et a levé son verre.

— Le terme de « solution finale » a un arrière-goût amer, dans le contexte historique. Mais si je le cite ici, c'est à propos de la question énergétique. Mon intervention secrète a eu pour effet de permettre à l'Homme de quitter sa planète, même si ce n'était que pour un tout petit pas dans l'espace. Toujours est-il que ce pas a amorcé la confrontation de l'Humanité au cosmos. Un cosmos regorgeant d'une énergie phénoménale qu'il faut et il suffit de capter. Dès le premier succès dans ce domaine, soit un nouvel âge d'or débutera, soit la Terre sera détruite une fois pour toutes. Ce sera l'un ou l'autre.

— Nous tenons en main toute la donne, ai-je murmuré avec un sentiment d'impuissance.

C'était tout à fait clair pour moi, Saint-Germain avait raison sur bien des aspects. Toutefois, il n'avait point découvert la pierre philosophale ! La réussite de sa méthode ne se révélerait que dans le futur. Le savoir qu'il avait partagé de façon parcellaire et sous forme de vagues conseils avait, au cours du dernier siècle, suscité une véritable explosion du développement des sciences et des techniques. Mais la nature humaine n'avait pas été capable de tenir la cadence. Les émotions prédominaient toujours sur les réflexions logiques, les intérêts nationaux écrasaient toujours les nécessités et urgences planétaires. Tels étaient précisément les obstacles qui se dressaient sans cesse pour entraver les desseins positifs du Comte.

Comme s'il avait lu dans mes pensées, il a ajouté :

— L'Homme n'est pas mûr. Jamais il ne va jusqu'au bout de ce qu'il a atteint. Il est aujourd'hui trop égoïste pour être raisonnable. Il ne verrait le renversement de tendance que comme une stagnation précédant une régression.

— Nous sommes quasiment du même avis, ai-je approuvé en souriant.

L'expression de Saint-Germain est restée sérieuse.

— Cela ne change rien au fait que je doive vous maintenir dans l'isolement pour un certain temps, Numéro Neuf. Vous êtes de ceux qui veulent me punir. Ce serait votre devoir de me traquer et de me tuer.

— Que comptez-vous donc faire de moi ?

J'étais le premier surpris de ne pas me sentir plus inquiet. J'aurais été bien incapable d'expliquer le pourquoi de cette sérénité.

— Ne craignez rien, je ne vais pas vous supprimer. Mais je dispose d'un certain nombre de cachettes infaillibles dans toutes les régions du monde. J'ai souvent dû m'y réfugier pour des années lorsqu'on était un peu trop sur mes talons. C'est dans l'un de ces endroits secrets que je vais vous emmener.

— Et si je vous résiste ?

Là, le Comte a de nouveau souri.

— Loin de moi l'idée et l'envie de recourir à la force, mais je n'aurais alors pas le choix. Parlons sans détour. Imaginez que vous réussissiez à filer : votre premier objectif serait de gagner l'une des stations depuis lesquelles vous pourriez informer la Fraternité. Certes, l'on ne me trouverait pas, mais je serais une fois de plus contraint de me cacher durant une longue période. Or, je n'ai pas fini d'accomplir ma mission actuelle, et le temps presse de plus en plus.

— Laissez donc tout simplement les choses suivre leur cours, ai-je suggéré.

— Il est bien trop tard pour cela, mais pas pour actionner le signal d'alarme…

Sans m'expliquer ce qu'il entendait par là, il a changé de sujet.

— Nous allons quitter l'hôtel avant demain matin. Demandez donc que l'on aille récupérer vos affaires dans votre chambre et qu'on les apporte ici.

Je l'ai regardé droit dans les yeux, et j'ai compris que je ne le ferais pas changer d'optique.

Avec un soupir, j'ai décroché le téléphone.

En d'autres circonstances, je n'aurais rien eu à redire de la cachette dans laquelle Saint-Germain m'a conduit. J'ai toujours eu envie de découvrir le Canada en tant que touriste. Mais pas en tant que prisonnier, ce qui était aujourd'hui mon cas.

Nous avons pris un vol jusqu'à Vancouver puis, de là, un bus transcontinental pour rejoindre Red Stone via Dog Creek. Une fois à destination, nous sommes montés dans une Jeep tout juste bonne pour la ferraille, qui nous attendait dans un garage. La route étroite et cahoteuse que nous avons empruntée se terminait à Chezacut. Pourtant, nous avons continué sur près de cent kilomètres par des chemins de terre et des pistes forestières jusqu'au pied du Mont Downtown, haut de deux mille cinq cents mètres. Nous étions arrivés.

En jetant un regard sur la carte, j'ai vu que le Mont Aylmer était éloigné d'à peine cinq cents kilomètres. Un bon présage ?

Le Comte m'observait du coin de l'œil.

— Je sais à quoi vous pensez, mais renoncez gentiment à cet espoir. Il vous faudrait parcourir cent kilomètres à travers une région sauvage et inhabitée avant de voir apparaître la première maison. Vous feriez mieux de vous accommoder du logis que je vais vous offrir.

Abrité par de hauts sapins, le refuge de montagne était une construction basse si proche de la paroi rocheuse qu'on l'aurait cru partie intégrante de la muraille. C'était bien le cas : il avait été taillé à même la pierre du massif, et le garage pour la Jeep aménagé dans la roche à coups d'explosifs.

Le Comte a désactivé un certain nombre de systèmes d'alarme, et nous sommes entrés dans le refuge dont l'équipement m'a semblé modeste et anodin. Puis Saint-Germain m'a entraîné dans la pièce de derrière et a ouvert une porte camouflée. J'ai constaté avec surprise qu'elle permettait d'accéder à l'intérieur de la montagne. Au bout de quelques mètres, nous avons abouti à un véritable dédale de cavernes parfaitement habitables qui auraient pu héberger au moins dix familles.

— Vous vous sentirez très bien ici, Numéro Neuf. Ne craignez aucune altération temporelle, ce lieu n'est pas concerné. Vous allez avoir un appartement pour vous tout seul et vous pourrez circuler partout en toute liberté, mais ne cherchez pas à ouvrir la porte d'acier qui donne sur le monde extérieur. Au niveau inférieur, vous trouverez tout le nécessaire pour vivre, dont une eau de source à la fraîcheur exceptionnelle. Le récepteur télé vous permettra d'avoir des informations de n'importe quel endroit de la planète, si vous le désirez. Il y a également ici, à votre disposition, d'autres choses dont vous avez l'habitude dans les stations secrètes de la Fraternité. Mais vous n'aurez pas le moindre moyen d'entrer en contact avec elle.

— Je suis donc bien votre prisonnier.

Il a acquiescé.

— C'est en effet le terme qui convient.

Durant mon existence mouvementée, j'ai connu des moments auprès desquels ma situation présente aurait paru être un séjour au paradis. Mais ces moments appartenaient au passé, et j'en avais oublié beaucoup. En revanche, j'avais gagné quelques certitudes quant aux royaumes de mille ans et aux paradis éternels. J'étais désormais enfermé dans une cage dorée, et je savais pertinemment ne rien pouvoir y changer.

— Vous allez me laisser ici tout seul ? ai-je demandé au Comte.

— J'ai encore beaucoup à faire, a-t-il répliqué.

Nous avons suivi des galeries bien éclairées, au sol couvert de moquette, jusqu'à ce qui allait être mes quartiers : un appartement confortable et même luxueux.

— Tous les dimanches, à douze heures précises, vous allumerez le récepteur télé et sélectionnerez le canal que je vais vous indiquer. C'est moi qui apparaîtrai pour vous donner des nouvelles. Bien évidemment, vous ne pourrez pas établir la liaison avec moi. Mais lorsque je prononcerai le code convenu, vous éteindrez l'appareil. Ainsi, je saurai que… que tout va bien pour vous.

La façon exacte dont cela devait fonctionner me semblait peu compliquée.

— Ce sera un genre de contrôle à distance, n'est-ce pas ?

— En un sens, oui. Mais tout à votre avantage. Supposez que vous tombiez malade. Votre absence de réaction sera portée à ma connaissance et je pourrai tout de suite entreprendre quelque chose pour vous secourir. En aucun cas, par conséquent, vous ne serez seul et abandonné.

Pendant deux heures, il m'a tout montré et m'a expliqué en détail ce que j'aurais à faire pour pouvoir me servir des nombreux appareils et équipements disponibles. Il y avait même un lecteur de supports audio et audiovisuels, avec une bibliothèque de plusieurs milliers d'enregistrements.

Avant de me quitter, le Comte m'a fourni une dernière précision.

— Pour l'instant, vous devez forcément voir en moi un adversaire sans merci. Mais vous vous rendrez bientôt compte que ce n'est pas la réalité. Dès que les huit autres membres de la Fraternité auront assoupli leur rigidité d'esprit et instauré de nouvelles lois, vous serez libre. Vis-à-vis du Cercle des Neuf, vous n'êtes pas un traître. Cela devrait soulager votre conscience, non ?

La porte d'acier s'est refermée avec un bruit sourd.

À nouveau, je me suis retrouvé seul.

La « cave » fraîche, à la température régulée, regorgeait de conserves et de denrées alimentaires non périssables en quantité suffisante pour me nourrir jusqu'à la fin de mes jours. Le compartiment des boissons aurait pu rivaliser avec celui d'un supermarché de taille moyenne. Je me suis demandé, par réflexe de curiosité, comment Saint-Germain avait réussi à transporter autant de choses jusqu'ici sans se faire remarquer.

Les plafonniers de ce « sous-sol » ne s'éteignaient jamais. À l'étage supérieur, « résidentiel », régnait partout une température agréable.

D'où vient l'énergie qui approvisionne cette base secrète ? me suis-je demandé à maintes reprises. *Est-ce de la source cosmique dont a parlé le Comte ? La théorie qu'il a évoquée serait-elle déjà mise en pratique ?*

J'avais déjà passé cinq jours dans les entrailles du Mont Downtown. Nous étions aujourd'hui dimanche, selon l'éphéméride automatique installée dans ma salle de séjour. À midi, j'ai allumé le récepteur télé et l'ai réglé sur le canal de Saint-Germain.

Une sorte de mire s'est affichée sur l'écran. Ses couleurs se sont mêlées en un chaos de motifs chromatiques, puis des symboles que je connaissais bien sont apparus. Il y avait une pyramide avec, sur l'une de ses faces, une représentation de notre Système Solaire et, sur l'autre, une image légèrement floue de la Voie Lactée. Encadrée de runes pour moi incompréhensibles, une croix de lumière flamboyait au-dessus du sommet de l'édifice, dessinée par ce que j'ai identifié comme étant les sept étoiles les plus brillantes des Pléiades.

Pourquoi précisément cette constellation ? L'origine de l'Humanité se trouvait-elle donc dans le cosmos, tout comme probablement aussi son avenir ?

Je n'ai pas eu le temps de m'appesantir sur la question, car le visage du Comte a soudain remplacé l'image de la pyramide. Je ne l'ai reconnu qu'à ses yeux même si, comme ses traits, leur couleur avait changé depuis notre rencontre. Ils étaient à présent verts et plus allongés, presque en amande, tels ceux des Asiatiques. La peau avait une carnation brune, assez foncée. À part moi, nul n'aurait pu deviner qui il était au premier regard.

— Mon ami… a-t-il commencé avec un sourire qui ressemblait à une excuse, je suppose que je puis vous appeler ainsi ? J'ai tout juste soixante secondes pour vous parler, donc je serai bref. Les quatre tueurs à gages sont morts. Bastelli a lui aussi cessé de vivre. Dans son testament, il a stipulé que l'O.N.U. était désormais propriétaire de son invention et chargée de l'exploiter. La découverte de l'antigravitation a amorcé une nouvelle étape de l'évolution qui rendra bientôt obsolète l'énergie nucléaire conventionnelle. Tout cela s'est accompli en à peine huit jours. Fin de l'émission. Veuillez désactiver le récepteur.

J'ai obéi.

Je me suis assis dans le large fauteuil et j'ai fixé l'écran devenu noir. Je n'appréhendais que lentement tous les faits survenus durant la semaine passée. Dans des circonstances normales, de tels événements auraient nécessité des années…

Je me suis penché vers l'appareil et l'ai rallumé. Un bulletin d'information diffusé depuis l'Europe a confirmé ce que je venais d'entendre. Bien évidemment, les commentaires ne consistaient qu'en supputations théoriques et spéculations, mais beaucoup de ces extrapolations laissaient entrevoir des perspectives favorables et un nouvel espoir. Un certain temps s'écoulerait encore jusqu'à la concrétisation pratique de la découverte – une période pendant laquelle l'on oublierait peut-être de se faire la guerre.

Cela posé, un autre problème m'a accaparé : la Fraternité. Lui appartenais-je toujours ou me traquait-elle déjà en tant que traître présumé ? Le Cercle des Neuf avait les moyens techniques d'observer tout ce qui se passait aux quatre coins du monde. Alors, pourquoi n'aurait-il pas épié cet endroit perdu dans les vastes territoires sauvages du Canada ? Ou bien ce lieu leur aurait-il par hasard échappé ?

Je me suis rappelé le réseau de communication qui reliait les stations secrètes. Leurs émetteurs-récepteurs se calaient automatiquement sur les fréquences appropriées, auxquelles je n'avais donc jamais prêté attention. Si je balayais lentement tout le spectre, j'arriverais peut-être à capter leur trafic. L'appareil installé dans mes appartements n'était pas d'un modèle ordinaire. Alors, pourquoi pas ?

L'idée m'a littéralement survolté. Je suis ressorti de la « cave » où j'étais descendu me chercher des conserves, et j'ai couru jusqu'à ma salle de séjour. Deux heures durant, j'ai exploré toutes les gammes d'ondes accessibles, mais en pure perte. Je me suis consolé en me disant que l'échec venait de moi, pas du récepteur. Même si le domaine des télécommunications m'intéressait, je n'en étais pas un expert, et de loin.

Puisque le Comte était au courant de toutes les nouvelles concernant les Neuf, il possédait forcément les moyens nécessaires pour intercepter leurs échanges. Peut-être y avait-il donc ici un autre appareil, par exemple de secours, que je n'avais pas su remarquer ?

Pour aujourd'hui, cela suffisait. J'ai cessé de chercher et suis parti faire ma promenade quotidienne de l'après-midi à travers le complexe relativement vaste.

Les balades me permettaient de garder une bonne forme physique. La climatisation qui fonctionnait en permanence entretenait une température très agréable, et l'air frais pulsé par le système de ventilation était celui de la montagne.

Plus tard, j'ai regardé un film, suis allé récupérer quelques boîtes à la « cave » et les ai mises à réchauffer à la cuisine. Grâce au récepteur télé, je me suis offert un rapide tour du monde, puis j'ai décrété que c'était l'heure de dormir.

Mais le sommeil n'a pas daigné venir tout de suite. Mes pensées ne me laissaient aucun répit. Hélas, quelle que fût l'intensité de mes réflexions, aucun fondement solide et logique, aucune ligne claire et bien définie ne m'apparaissait quant à moi-même et à mon implication. Malgré les affirmations du Comte, sa façon d'agir me semblait parsemée de contradictions et pas toujours cohérente. De mon point de vue, il ne se préoccupait pas en permanence des conséquences de ses actes, et c'était là son erreur.

Moi-même, je ne savais plus distinguer le bien du mal. Le progrès technique exigeait-il vraiment un génocide ? Je me suis souvenu des Aztèques dont les prêtres, en une seule journée, avaient jadis immolé de leurs couteaux sacrificiels soixante-dix mille prisonniers de guerre. La preuve, à mes yeux, que le facteur décisif n'était pas tant le moyen de destruction utilisable que la nature humaine elle-même. C'était elle qu'il fallait changer.

Mais comment ? Impossible d'entrevoir une solution…

Le lendemain, au réveil, je me sentais complètement abattu et je serais volontiers resté au lit. Mais je savais d'expérience que j'aurais été encore plus fatigué. Après un copieux petit déjeuner, j'ai fait ma promenade matinale.

C'était dimanche. À midi, j'ai donc allumé le récepteur télé, et le Comte s'est annoncé avec sa ponctualité habituelle.

— Information réjouissante, Numéro Neuf ! L'invention de Bastelli est sous contrôle total de l'O.N.U. Cela vous tranquillise, n'est-ce pas ? Autre chose : je vous rendrai visite d'ici trois ou quatre jours. C'est tout. Éteignez maintenant, s'il vous plaît.

La brièveté du contact m'a déçu. Mais si Saint-Germain se pointait bientôt pour de bon, j'en saurais vite davantage. La Fraternité constituait mon principal souci. Les autres avaient-ils la moindre idée de ce qui se passait ? Que pensaient-ils de moi ? Me voyaient-ils à présent moi aussi comme un traître, ou se doutaient-ils que j'étais tombé dans un piège ?

Loin d'être apaisé par la relativement bonne nouvelle, j'étais de plus en plus nerveux. Si je pouvais au moins accéder à ces pièces qui m'étaient fermées, et dont je n'avais même pas repéré les accès…

Ce dimanche-là, j'ai arpenté sans répit la partie du domaine souterrain que j'avais le droit de fréquenter. Avec pour seul succès de finir assez las pour plonger durant quelques heures dans le sommeil.

Le jeudi suivant, un bruit de pas m'a indiqué que le Comte était arrivé dans la station. J'étais tellement indécis que j'ai opté pour différer mon projet jusqu'à ce que j'aie pu obtenir des certitudes.

Saint-Germain avait dû venir via le transmetteur. S'il avait voyagé par la route, il aurait affiché la fatigue du très long trajet. Quant à moi, j'aurais dû faire davantage attention au bruit de ses pas. Ainsi, j'aurais peut-être réussi à déterminer l'emplacement approximatif du transmetteur.

Le Comte s'est assis dans le fauteuil en face du mien et m'a examiné du regard.

— Vous me paraissez aller bien, comme je l'espérais. Voyez-vous, j'ai à nouveau dû modifier un peu mon apparence. Vos amis ne me lâchent pas d'une semelle.

— Les avez-vous informés ?

— Je n'ai toujours pas jugé avisé de le faire. Tant qu'ils se disent que vous êtes sur mes talons, leurs tentatives demeurent cadrées.

— C'est tout à fait déloyal !

— Mais c'est inéluctable. Je suis désolé, il me faut vous garder ici encore un bon moment.

— Avez-vous vraiment l'intention de me libérer un jour ?

Il m'a jeté un regard indéfinissable et, après un temps d'hésitation, a dit :

— Vous en savez beaucoup, Numéro Neuf. Peut-être même déjà trop. Avant tout, je ne dois pas prendre le moindre risque. Nous ne pourrons parler de votre libération que quand j'aurai à nouveau été déclaré mort. Officiellement, s'entend. Par ailleurs, vous relâcher m'obligerait à me débarrasser de l'extraordinaire cachette où nous nous trouvons, et ce serait pour moi une énorme perte. En effet, et je le regrette, je ne dispose pas à l'heure actuelle des moyens de vous payer une nouvelle identité et l'effacement de mémoire qui irait de pair avec elle.

C'est seulement à cet instant que j'ai très clairement compris : Saint-Germain allait me séquestrer ici jusqu'à ma mort. Certes, il avait renoncé à me liquider sur-le-champ – piètre consolation !

Sans aucun rapport avec notre discussion, peut-être tout bonnement pour m'offrir un dérivatif, je lui ai demandé de but en blanc :

— Avez-vous aussi été Léonard de Vinci ?

Il a souri en hochant la tête.

— Non ! À l'époque, je m'appelais Bernard de Trévise. Mais j'ai très bien connu Léonard et je lui ai glissé bon nombre de tuyaux, si je puis m'exprimer ainsi. J'ai été contraint de « replonger » trente ans environ avant sa mort, donc vers 1490. Un demi-siècle plus tard, je me suis à nouveau risqué hors de ma cachette d'alors et je suis apparu sous le nom de John Dee… Euh… Non, ce devait être plus tard, aux alentours de 1570, je crois. À vivre aussi longtemps, il y a des choses que l'on oublie…

— Et avant tout cela ? ai-je insisté, car j'étais redevenu curieux.

— Albert le Grand, Roger Bacon, Arnaud de Villeneuve… Bien des patronymes différents !

— Des noms d'alchimistes… ai-je murmuré en réalisant tout à coup.

— C'est ainsi qu'on les désignait, a acquiescé le Comte.

— Alors, *quid* de la pierre philosophale, en définitive ? ai-je ajouté non sans une pointe d'ironie dans la voix.

Gardant l'air sérieux, il m'a répondu :

— Certains racontent que le terme se rapporte à la transmutation de n'importe quelle matière vile en or, mais c'est inexact. En vérité, la pierre philosophale fait référence à l'immortalité. Et, à l'époque, il semblait bien que ladite pierre fût unique en son genre. Or, vous le savez, c'est moi qui l'ai récupérée et en suis toujours le détenteur.

— Il y a un mystère, un secret qui s'y attache…

— J'en suis convaincu, mais j'ignore moi-même lequel !

D'évidence, il ne voulait pas – ou ne pouvait pas – en parler. N'avait-il pas commis un meurtre, jadis, pour entrer en possession de la fameuse pierre ?

Saint-Germain s'est levé.

— J'ai encore une multitude de choses à régler. Je vais donc vous prier de ne plus ressortir de vos appartements durant les deux prochaines heures. Je reviendrai vous faire mes adieux, et vous retrouverez votre entière liberté de mouvement.

Muet comme une carpe, je l'ai regardé s'éloigner.

Était-ce le moment de passer à l'action ?

Je suis allé écouter à la porte, que le Comte n'avait pas refermée à clef.

Ses pas ont décru dans le couloir, puis le silence s'est installé. Alors, je suis sorti avec précaution. Au loin, diverses rumeurs indéfinissables m'ont trahi la direction qu'il avait prise.

J'avais toujours du mal à me faire une idée claire de la meilleure façon d'agir. Pourtant, il fallait que je tente quelque chose. Attendre dans la passivité me condamnait à perpétuité entre les murs de cette prison. Je n'avais nulle arme avec laquelle imposer mes volontés au Comte. Je devais donc l'avoir par surprise et m'assurer de sa personne, même si tout mon être s'insurgeait contre de telles violences. Je me suis cependant souvenu que Saint-Germain avait déjà assassiné au moins cinq personnes. Le fait que je sois toujours en vie relevait donc presque du miracle.

En ce moment, le Comte semblait se tenir dans son domaine privé, ce secteur auquel tout accès m'était interdit, mais dont les secrets m'attiraient depuis des semaines. C'était peut-être l'occasion de les élucider enfin !

J'ai regagné mes quartiers à pas de loup et me suis attaqué au cadre métallique de mon lit. Sans bruit, j'ai réussi à dévisser l'une de ses cornières. Je tenais à présent une arme en main, assez lourde pour m'obliger à mesurer ma force si je ne voulais pas blesser trop grièvement mon geôlier.

Je n'osais toujours pas me glisser dans sa tanière. Je me suis donc choisi une planque *a priori* bien placée, car il passerait forcément devant en venant me faire ses adieux. La main droite crispée sur la cornière de métal, j'ai commencé à attendre.

Quatre-vingt-dix minutes…

De quoi soumettre ma patience à rude épreuve, et me faire réfléchir à des milliers de choses. À plusieurs reprises, j'ai été tenté de renoncer à mon projet. Mais à chaque fois, je me suis raisonné à temps en me rappelant qu'il n'y avait pas d'alternative. Le Comte ne me rendrait pas ma liberté de son plein gré. Pourtant, lui non plus n'avait pas d'autre choix.

Soudain, j'ai entendu une porte se fermer, puis des pas se rapprocher.

J'ai senti mes genoux flageoler. Mais ma main s'est encore crispée plus fort sur la cornière avec laquelle j'étais résolu à frapper. Renfoncé dans une niche de la paroi, le dos contre la pierre, j'avais franchi le point de non-retour.

Saint-Germain est passé devant moi, tout près, sans me remarquer.

Le coup n'a pas été trop violent. Malgré tout, j'ai bien cru lui avoir brisé la nuque quand je l'ai vu s'affaisser sans bruit. Je me suis penché sur lui. Il avait les yeux clos, mais il respirait encore.

C'est alors que j'ai réalisé ma légèreté. J'avais planifié jusqu'à cet instant, mais pas au-delà ! Que devais-je faire, maintenant ? Sans l'aide de cet homme qui gisait là, sans connaissance, je ne pouvais pas quitter le refuge. J'avais essayé à maintes reprises au cours de mes deux semaines de captivité, en vain. Et quand le Comte reviendrait à lui, nous nous battrions à mort, c'était certain.

Je l'ai péniblement traîné tout au long du couloir jusqu'à mes quartiers. J'ai déchiré mon drap de lit et j'ai ligoté Saint-Germain comme un vulgaire paquet, avec tant d'application qu'il ne pourrait jamais se libérer par ses propres moyens. Aucun doute là-dessus ! Puis je l'ai fouillé. Résultat plutôt positif, il n'avait pas d'armes dans ses poches.

Alors, je me suis affalé dans un fauteuil et, à nouveau, j'ai attendu.

J'avais toujours les genoux qui tremblaient. J'appréhendais avec une sourde angoisse l'instant où mon captif allait recouvrer ses esprits.

Et cet instant est arrivé, évidemment.

Le Comte a roulé plusieurs fois d'un côté sur l'autre avant d'ouvrir les yeux et de me fixer d'un regard si désemparé que je m'en suis presque senti gêné. Alors seulement, il s'est aperçu qu'il était ficelé et, avec rage, il a tenté de se débarrasser de ses entraves. Voyant qu'il n'y parviendrait pas, il a tout à coup cessé de se débattre. Et son calme subit m'a impressionné.

— Vous êtes bel et bien pris dans la nasse, m'a-t-il déclaré sur un ton qui m'a sidéré. Eh bien, quelles sont vos intentions ?

À l'entendre, c'était moi le prisonnier, pas lui. Il feignait manifestement d'avoir l'avantage, et c'était assez fascinant. J'ai fait l'effort de paraître aussi froid que possible.

— Vous allez m'expliquer comment sortir d'ici, Monsieur le Comte, ai-je répliqué. Et d'ailleurs, pourquoi ne ferions-nous pas équipe, au fond ?

— Drôle d'idée ! Vous le savez aussi bien que moi, je ne puis vous laisser filer. Par conséquent, si j'y suis contraint, je resterai ici auprès de vous jusqu'à ce que votre vie de mortel ordinaire se termine. Vous comprendrez aisément que cela m'importe peu. En outre, ne vous bercez pas de faux espoirs : sans moi, vous ne ressortirez jamais !

— Je pourrais vous obliger à me libérer…

— Comment ? Par la torture ?

Il a hoché la tête et ajouté, en souriant :

— Vous n'en êtes pas capable, Numéro Neuf !

J'ai essayé la menace.

— Un immortel craint davantage la mort qu'un simple mortel !

— Tout à fait exact, a-t-il acquiescé. Mais ma mort signifierait pour vous la prison à perpétuité, donc elle ne changerait rien à votre situation. À présent, parlez franchement : que feriez-vous si je vous relâchais ? Vous prendriez le premier chemin qui vous mène à l'une des stations secrètes, n'est-ce pas ?

J'ai marqué une hésitation, puis opiné du chef. Il a souri.

— Oui… Vous iriez alerter la Fraternité, déjà pour prouver votre innocence. Et vous le feriez par nécessité, car, en vérité, vous ne connaissez aucun des autres, mais tous vous connaissent. Il leur faudrait moins d'un jour pour vous débusquer, où que vous soyez.

— Il n'y a pas que ça ! Mon devoir…

— Ah, le devoir ! a-t-il craché, méprisant. Cela fait des millénaires qu'eux et leurs prédécesseurs restent assis dans leurs stations, sans rien faire pour aider l'Humanité ! J'ai été le seul à laisser échapper de temps à autre des informations déterminantes sans lesquelles, de nos jours, des jeunes filles finiraient encore au bûcher pour sorcellerie. La cruauté, les abominations et les guerres ont toujours existé, mes coups de pouce n'ont hélas pas suffi à les faire disparaître. Pourtant, j'ai l'intime conviction d'avoir suivi la voie la plus rationnelle et la plus fidèle à la mission initiale d'aide à l'Humanité que s'étaient jadis donnée les premiers des Neuf. Comment pourrait-on, autrement, essayer de faire changer l'Homme ? J'avoue ne pas être arrivé à grand-chose dans ce sens, mais la Fraternité des Neuf n'a pas fait mieux !

— Pourquoi l'Homme devrait-il changer ? ai-je objecté à dessein. Et sous quelle impulsion ? Grâce à toujours plus de technologie, toujours plus de moyens d'extermination massive ? Au fond, l'Homme d'aujourd'hui n'est rien de plus qu'un de ses ancêtres du Néolithique auquel on aurait fourré une mitrailleuse entre les mains ! L'évolution a procédé par bonds trop répétés et trop importants, la Nature n'a pas été capable de suivre. En revanche, un développement lent et naturel vous aurait peut-être aidé à réussir. Ne l'admettez-vous pas, Monsieur le Comte ?

— Non ! J'ai patienté durant des millénaires, avant de m'immiscer parce que je ne voyais rien avancer. Un jour, l'évidence m'est apparue : le pire des maux était – et est toujours – la place égocentrique que l'Homme n'a cessé de s'attribuer. Reconnaître que la Terre n'est pas le centre de l'Univers a été un pas dans la bonne direction. Le suivant serait de constater et d'accepter l'existence d'autres mondes habités dans le cosmos. La conscience collective pourrait alors être infléchie vers le positif. C'est pourquoi, à mes yeux, la Fraternité a failli et trahi en subtilisant ce bloc de métal que vous et vos amis avez trouvé en Amérique du Sud. Il y a bien d'autres choses que l'on a exhumées çà et là en fouillant de vieilles strates géologiques, mais qui se sont toutes mystérieusement volatilisées. Pas une seule fois, une seule preuve tangible et irréfutable attestant l'existence réelle de civilisations étrangères n'a pu rester plus de quelques heures ou de quelques jours en possession des scientifiques.

— La Fraternité… ?

— Qui d'autre ? J'ignore moi aussi pour quelles raisons elle continue à dissimuler à l'actuelle Humanité la présence de peuples évolués dans d'autres systèmes stellaires que le nôtre, et à cacher la réalité de cette civilisation terrestre qui a jadis précédé la nôtre, mais s'est anéantie par sa propre faute. C'est un paradoxe total !

— Je pourrais peut-être leur parler et les convaincre…

— Parler avec *eux* ?

Il est parti d'un éclat de rire fracassant, comme incontrôlable. Mais il a très vite recouvré tout son sérieux.

— Mieux vaut à présent que vous sachiez tout, Numéro Neuf. J'en suis sûr. Je n'ai pas voulu vous faire perdre vos illusions, du moins jusqu'à maintenant. Mais là… Détachez-moi, et vous aurez l'occasion d'apprendre les ultimes vérités.

— Vous détacher ?

Tout en réfléchissant, j'essayais de lire dans son regard. Tant qu'il serait prisonnier, jamais il ne m'ouvrirait les portes de son royaume secret. Il était immortel et il me survivrait dans tous les cas, comme il l'avait souligné. Et si je le libérais, je retomberais en son pouvoir. Devais-je prendre ce risque ? En outre, ma curiosité naturelle était plus que piquée au vif…

— Si je vous détache, Saint-Germain, quelle garantie aurai-je que vous ne profiterez pas de la situation pour me neutraliser définitivement ?

— Aucune ! a-t-il affirmé sur un ton brutal, mais sans pouvoir masquer un sourire fugace. Une fois que vous saurez tout, je vous laisserai décider de votre choix, quel qu'il soit. Vous pourrez rester ici, retourner parmi la Fraternité ou bien, doté d'une nouvelle identité, mais en gardant tous vos souvenirs, continuer de vivre quelque part dans le monde. Vivre, et attendre…

— Attendre ? Quoi donc ?

— La fin !

— La mienne ?

— Celle de cette civilisation qui s'est elle-même dépassée dans sa course à l'abîme ! Vous savez maintenant quelles erreurs j'ai commises puisqu'en vous parlant, j'ai bien été obligé de me les avouer à moi-même. Mais la Fraternité en a fait de plus lourdes. Allons, ôtez-moi donc ces liens, à présent !

Comme sous emprise, j'ai attrapé le couteau et tranché les cordes improvisées. Le Comte s'est longuement frotté les articulations des doigts pour rétablir la circulation sanguine, puis il m'a invité d'un geste.

— Venez avec moi, Numéro Neuf. Jamais aucun d'entre vous, les Humains, n'a vu mes quartiers privés, excepté ceux qui les ont aménagés – mais ils sont morts depuis des lustres. De mort naturelle, je précise.

Son sourire était sans équivoque. Pourtant, je l'ai suivi avec une impression mitigée et une relative sensation d'insécurité. La porte de ses appartements jusqu'alors inaccessibles pour moi s'est ouverte comme par enchantement dès qu'il s'en est approché. Elle donnait sur une vaste pièce équipée avec confort, que Saint-Germain a traversée d'un pas rapide pour se diriger vers l'un des trois vantaux de métal encastrés dans le mur du fond.

— Qu'attendez-vous, Numéro Neuf ? De quoi avez-vous donc peur ?

Le panneau s'est démasqué, révélant une autre salle dont une paroi tout entière n'était qu'un immense écran. Juste en dessous, la console de commande comportait une multitude de touches, de curseurs et de moniteurs de contrôle. Pour un peu, je me serais cru dans un studio de télévision.

Le Comte s'est mis à pianoter sur l'impressionnant clavier, à une allure montrant toute la pratique et l'habitude qu'il avait de l'installation. On eût dit un organiste professionnel !

L'écran géant s'est éclairé, des motifs colorés se sont affichés, puis une image en trois dimensions est apparue. C'était comme si une autre pièce, située juste derrière, venait de se révéler. Ses installations avaient des années d'avance sur la technologie actuelle, cela sautait aux yeux, même si elles dataient en fait de plusieurs millénaires.

— Ils ont sacrément amélioré le système de sécurité, a déclaré Saint-Germain tandis que je reconnaissais la salle de contrôle de ma propre station, dans les entrailles de l'Untersberg.

Elle semblait inoccupée. Du moins le fauteuil face au pupitre de commande était-il vide.

— Autrefois, a ajouté le Comte, ils entraient en contact les uns avec les autres à visage découvert, à partir du moment où ils se connaissaient tous. Ils ont cessé de le faire depuis un certain temps déjà. Ils doivent se douter que je peux les voir…

Je n'ai pas répondu. Comme hypnotisé, je fixais la feuille de papier posée sur une tablette, à côté de la console, et le message écrit qui y figurait.

Numéro Neuf, appelez immédiatement Numéro Un, station du Karisimbi !

Aucune date n'était indiquée.

— Depuis combien de temps ce mot est-il là ?

— Depuis votre voyage à Rio, m'a annoncé Saint-Germain. Qu'il y soit encore prouve qu'on s'attend toujours à votre retour – quoique… D'ici peu, quelqu'un finira bien par se dire qu'il vous est arrivé quelque chose de fâcheux. Mais il ne viendra sûrement à l'idée de personne, du moins dans un premier temps, que vous vous trouvez auprès de moi.

— Alors, laissez-moi donc partir ! lui ai-je suggéré. Je vous en donne ma parole, je ne dirai pas un…

— Attendez encore ! m'a-t-il interrompu. Il se peut que vous changiez bientôt d'avis.

— Pourquoi le ferais-je ?

Il m'a jeté un bref regard.

— On pourrait vous avoir tendu un piège… a-t-il lâché, assez énigmatique.

Puis il s'est tout entier focalisé sur sa console de commande.

Les stations du Karisimbi, du Gávea et du Mont Aylmer étaient inoccupées. La première image de la salle de contrôle du Mont Shasta nous a fourni l'explication : la Fraternité s'y était réunie.

Très calme, Saint-Germain a procédé à quelques réglages et l'assemblée s'est affichée en plan rapproché. J'ai sursauté machinalement en voyant là, assis autour de la longue table, sept des Inconnus dûment masqués. L'effet 3D était tellement poussé que j'avais vraiment l'impression de me tenir devant eux.

Je ne pouvais évidemment pas les identifier individuellement, mais leurs positions respectives révélaient leur place dans l'ordre numérique du Cercle. Ce devait donc être Numéro Un qui siégeait en bout de table et qui avait pris la parole.

— Il manque encore Numéro Neuf et Numéro Sept. Celui-ci ne va pas tarder, selon l'information que j'ai reçue. De Numéro Neuf, par contre, il n'y a aucune nouvelle depuis que tu l'as vu à Rio, Numéro Trois.

— Il a rencontré là-bas un personnage portant la barbe qui ne m'a guère inspiré confiance, puis je l'ai perdu de vue. Je n'avais pas pour mission de le surveiller, Numéro Un.

— D'accord, nul ne t'en fait le reproche. Mais tu sembles être le dernier d'entre nous à l'avoir aperçu. Après cela, nous n'en avons plus la moindre trace. Que peut-il être arrivé ?

C'est alors que Numéro Sept a fait son entrée et est venu s'installer à sa place après avoir salué les autres d'un signe de tête. À la question sur un éventuel indice concernant l'endroit où je pourrais me trouver, il a répondu qu'il n'en possédait point.

Je ne m'attarderai pas à rapporter ici mot pour mot la suite de la séance que le Comte et moi-même avons épiée à distance. Par contre, le contenu de certaines interventions mérite vraiment d'être restitué, vu son importance.

Numéro Un s'est d'abord déclaré satisfait que l'invention de Carlo Bastelli ait « officiellement disparu dans les archives secrètes de l'O.N.U. », comme tant d'autres découvertes antérieures. Le ton avec lequel il a annoncé cette nouvelle était plus qu'éloquent. J'ai vu le visage de Saint-Germain devenir rouge de colère. Une fois encore, me dirait le Comte un peu plus tard, la vieille pratique hélas bien connue avait permis de bloquer le progrès. S'y ajouterait ensuite une dose judicieuse de *debunking* : l'expert en charge du dossier apporterait ultérieurement un démenti au prétendu escamotage, nul n'y croirait évidemment, et l'existence même de l'invention finirait par être mise en cause. Encore un ou deux ans et assez d'eau aurait coulé sous les ponts pour que l'affaire soit définitivement enterrée. La technique était rodée…Numéro Huit avait pu procéder à l'identification des corps des quatre tueurs à gages sans se rendre ridicule ni suspect. Hélas, la piste du Comte s'était ainsi une fois de plus diluée dans le néant.

Le thème suivant était d'une actualité brûlante, puisqu'il concernait l'utilisation de l'énergie nucléaire. J'ai à maintes reprises intercepté, sans réagir, un regard inquisiteur que me jetait Saint-Germain. Je comprenais peu à peu ce qui s'était réellement produit – et voyais de plus en plus nettement ce qui surviendrait par la suite.

C'était bien le Comte qui, il y a bien longtemps, avait livré des indices à certains savants et les avait aiguillés sur la voie de l'atome. Mais il ne s'était pas attendu au développement aussi immédiat et rapide d'une arme absolue de type nucléaire. Et il avait été incapable d'enrayer le processus.

Les explications supplémentaires qu'il m'a données plus tard m'ont permis de visualiser l'ensemble de l'histoire.

La route aboutissant à l'obtention d'une énergie propre et dénuée de tout danger grâce à l'attraction gravitationnelle naturelle de la Terre débutait obligatoirement par la maîtrise et l'utilisation de la fission des noyaux atomiques. Cette phase initiale, relativement inoffensive, aurait très vite été rendue caduque par les développements induits, notamment vers la fusion nucléaire… si l'on s'était trouvé dans un contexte pacifique. Hélas, l'exploitation concrète de l'atome avait percé durant la Seconde Guerre Mondiale. En conséquence évidente, l'évolution espérée de cette technologie avait été reléguée aux oubliettes par la nécessité prioritaire d'acquérir dans l'urgence les armes les plus puissantes. Ainsi, le point de non-retour avait été franchi.

Où que ce soit de par le monde, les protestations et manifestations contre l'énergie nucléaire sous toutes ses formes ne *pouvaient* convaincre personne puisqu'elles allaient de pair avec des motivations politiques.

Restés fidèles à leurs principes, les Neuf Inconnus n'avaient rien entrepris pour enrayer ou ralentir la machine, même s'ils possédaient les moyens d'y réussir.

Le Comte était entré en lice sous l'identité de Carlo Bastelli. Certes, son invention aurait permis de renoncer une fois pour toutes à l'atome, mais elle n'aurait pas suffi pour neutraliser les toutes dernières conquêtes technologiques déjà déployées dans l'armement. Il était bien trop tard. À nouveau, Saint-Germain avait surestimé la part de bon en l'Homme. L'escamotage en règle de la découverte de Bastelli aggravait encore les choses. Plus que jamais, tous les responsables du monde allaient se reposer sur les ressources du nucléaire, capables d'éviter dans l'immédiat la crise énergétique qui menaçait, mais avec des conséquences à long terme rendues totalement imprévisibles par l'incurie de l'Humanité.

— Si seulement les choses pouvaient tenir jusqu'à ce que la fusion atomique soit parfaitement au point… a soupiré le Comte. Au contraire de la fission, elle ne laisse aucun résidu dangereux. Mais elle n'est également qu'un transitoire, et rien d'autre. La Nature, l'Univers offrent infiniment plus d'énergie que l'Homme ne pourra en nécessiter durant des millénaires et des millénaires… Et cette énergie, elle se trouve tout autour de nous !

— Pourquoi ne montrez-vous donc pas le bon chemin ? ai-je demandé, assez désorienté. Vous le connaissez, oui ou non ?

Il a opiné du chef.

— Je l'ai déjà fait, et de nombreuses fois. Mais tant qu'ils s'amuseront à bricoler avec l'atome et à obtenir ce qui leur semble des résultats positifs, toutes les pistes et toutes les indications qu'on peut leur glisser sous les yeux ne seront que spéculation pure et folles chimères. Même si je leur mets le nez dedans, ils ne verront pas la solution. Et si je leur pose sur la table un prototype fonctionnel tout fait, les Inconnus se pointeront pour le faire disparaître. Ce sont eux les responsables ! Eux qui, au nom de leurs lois plus vieilles que le monde, font obstacle au vrai progrès et rendent de plus en plus probable l'occurrence de la catastrophe planétaire !

Je n'ai écouté que d'une oreille Numéro Un conclure la séance et annoncer une nouvelle date de réunion. Le Comte a désactivé l'installation, puis il s'est tourné vers moi.

— Je vous suggère de prendre les trois jours qui viennent pour réfléchir et mûrir votre décision finale. Nous aurons aussi le temps de discuter, vous pourrez poser vos questions et je vous répondrai. Ensuite, vous pourrez aller là où vous voudrez. Je pense que vous n'avez pas oublié ma proposition… ?

— Bien évidemment, non !

Quelques minutes plus tard, nous étions à l'entrée du refuge. À mon immense surprise, Saint-Germain a ouvert le vantail métallique qui nous séparait du monde extérieur.

— Allez donc faire une promenade ! Le grand air frais vous fera du bien. En dehors de nous, il n'y a pas âme qui vive dans les environs, et j'exclus totalement l'idée que la Fraternité vous repère par hasard.

Aussi étonné que méfiant, je me suis éloigné de la construction et j'ai marché au moins une heure à travers bois, dans un admirable paysage de montagne, profitant du calme et de la beauté grandiose des lieux.

Peu avant le crépuscule, je suis revenu de mon plein gré à l'entrée de ma prison.

La porte de métal s'est refermée toute seule sur mon passage.

C'est long, trois jours. Mais pas lorsqu'il s'agit de prendre une décision qui va changer votre vie.

Je me suis efforcé de peser avec objectivité les motivations du Comte et celles de la Fraternité. Hélas, je suis toujours arrivé au même résultat : l'une et l'autre des parties ont eu raison *et* tort tout à la fois dans ce qu'elles ont fait. Peut-être aurait-il mieux valu que ni Saint-Germain ni les Neuf Inconnus n'existent, afin que l'Humanité puisse évoluer en toute liberté.

Cependant… Au final, n'en serions-nous pas au même point ? La situation dramatique dans laquelle nous nous trouvons n'aurait-elle pas simplement été remise à plus tard ?

Nuit et jour, j'ai douté. Mes promenades en solitaire dans la nature vierge qui nous entourait ne m'ont pas rapproché de la réponse. Je savais que le Comte m'observait et que ma liberté n'était qu'apparente. Plus d'une fois, j'ai été tenté de lui donner entièrement raison, sans réticence. Mais il m'est toujours revenu à l'esprit le fait que les motivations de la Fraternité relevaient elles aussi d'idéaux très louables. Chacune des parties voulait éviter la catastrophe qui anéantirait l'Humanité.

Le troisième jour est arrivé.

Nous n'avons guère parlé durant notre dernier petit déjeuner. Plus j'approchais de l'instant de la décision, plus je ressentais une désagréable oppression. Quand j'ai reposé ma tasse à café sur la table, mon cœur battait la chamade.

Le Comte avait remarqué ma nervosité depuis un bon moment. Mais, très courtois, il ignorait mon état peu enviable et se comportait comme si ce jour avait été pareil à tous les autres. Pour moi, les choses n'étaient toujours pas claires : pouvais-je lui faire confiance, ou non ? Me laisser filer était trop lourd d'implications pour lui. En premier lieu, il devrait abandonner ce refuge.

À nouveau, il m'a interrogé du regard. Et là, je n'ai pas détourné les yeux.

— Alors ? m'a-t-il demandé en s'enfonçant dans son fauteuil. Qu'avez-vous décidé ? Excusez-moi d'insister en vous rappelant que vous ne devez pas agir sous la contrainte ni redouter quelque conséquence que ce soit de ma part. Choisissez en toute liberté !

Et, à cet instant, j'ai tranché. Irrémédiablement.

— Je ne vais pas rester à vos côtés, Monsieur le Comte, et je ne retournerai pas non plus auprès de la Fraternité. Pour être tout à fait honnête, je ne suis convaincu par aucun de vous. À mon sens, ni eux, ni vous n'avez agi comme il l'aurait fallu durant tous ces millénaires. Les erreurs les plus graves, les plus lourdes d'impact n'ont cependant été commises qu'au cours de ce siècle, et notamment par vous-même. L'Humanité n'était pas encore mûre pour une technologie qui la rendrait capable de détruire sa planète mère. Pensez donc, elle ne peut même pas préserver l'équilibre de la Nature ni éviter que des espèces animales ou végétales ne soient condamnées à l'extinction ! Mais si vous me demandez maintenant ce que l'on pourrait tenter afin d'éviter le pire, je l'ignore et en suis désolé. Et pour plusieurs raisons.

— Lesquelles ?

— Je juge qu'il est trop tard pour renverser la tendance. Les concepts de stagnation et d'involution ont un arrière-goût amer, car ils semblent synonymes de renoncement à ce que l'on a acquis, de retour à la modestie, à la simplicité voire au dénuement. Aucun politicien ne s'engagerait sérieusement en campagne sur une telle voie sans être immédiatement éjecté. Et l'économie mondiale s'effondrerait en l'absence subite de la fondation sur laquelle elle repose, la consommation forcée. Non, il n'y a plus de solution. Plus maintenant.

— N'êtes-vous pas trop pessimiste ?

— Je ne le pense pas, Monsieur le Comte. Il suffit d'aller jeter un coup d'œil au-dehors pour constater que j'ai raison.

À ma grande surprise, il a opiné du chef et s'est plongé dans un long silence. Au bout d'un moment, il a relevé la tête et pris la parole.

— Si, au stade actuel, l'Humanité reste livrée à elle-même, plusieurs perspectives vont se développer pour le futur. Chacune d'entre elles aura une chance de devenir réalité. Nos conversations m'ont donné à réfléchir à plus d'un titre, et peut-être devrions-nous une fois encore rediscuter des éventualités déjà mises en lumière.

— D'accord, ai-je approuvé.

— Supposons que le mouvement des écologistes, des protecteurs de l'environnement, dont les motivations sont tout à fait honorables et pertinentes, arrive à gagner du terrain même si d'autres courants politiques lui font fréquemment perdre de sa crédibilité en l'exploitant. Que pourrait-il se produire ? Une stagnation des avancées techniques et scientifiques serait probable, et ce, tous domaines confondus. L'effondrement des pratiques actuelles de l'économie, aussi, entraînant la suppression de toute aide au Tiers Monde. Une protection accrue de la nature, oui, mais le manque de toute nouvelle énergie alternative amènerait à l'épuisement rapide des ressources de pétrole, de gaz, de charbon ou même de bois. L'on en viendrait à détruire les forêts encore plus vite qu'aujourd'hui. Et des guerres pour s'approprier les ultimes réserves éclateraient, inévitables.

— Les choses pourraient peut-être tourner différemment, ai-je objecté sans grande conviction.

— Peut-être, a concédé Saint-Germain. Nous allons y venir. Examinons une seconde éventualité : un développement sans frein dans tous les domaines, y compris celui du nucléaire. L'Humanité aurait à sa disposition des sources d'énergie inépuisables, elle pourrait s'élancer vers d'autres planètes et y fonder des colonies. La Terre elle-même vivrait une apogée, pourquoi pas une véritable renaissance. Voyez-vous, le progrès technique n'est pas forcément synonyme de la fin du monde. Toutefois, il y aurait un préalable impératif : que tous les camps politiques renoncent à l'égoïsme et à la stupidité, au profit de la raison.

— Trop beau pour être vrai… ai-je murmuré.

— Hélas… a regretté le Comte. Moi aussi, j'ai bien été obligé de l'admettre. Une troisième solution serait un compromis entre les deux autres perspectives. Mais le passage obligé serait toujours là, incontournable : bannir toutes les idéologies et faire ainsi disparaître tous les antagonismes politiques, ce qui relève aujourd'hui de l'utopie. L'idéal absolu serait une symbiose avec la Nature et l'acceptation par l'Homme du principe d'unité. Car refuser d'agir ensemble et de penser ensemble, c'est se condamner à mort.

— La sentence est déjà tombée une fois !

— Non, plusieurs ! m'a corrigé Saint-Germain d'un ton cassant.

Il s'est tu un instant. J'en ai profité pour continuer.

— Avez-vous déjà songé aux dangers inhérents à l'automatisation totale, quels que soient les énormes services que puissent nous rendre les ordinateurs ?

— Évidemment, j'y ai réfléchi, mais de façon assez récente. Si aucune catastrophe ne survient pour éradiquer toute vie de notre planète, l'Humanité peut tout simplement dégénérer sur le plan intellectuel. L'on commence déjà à empêcher l'Homme de penser. Il suffit de presser quelques touches pour qu'un problème soit en apparence résolu. Sous cet angle, dès aujourd'hui, nombre de gens réputés doués d'intelligence ne se comportent pas autrement que des singes qui, en entendant tinter une clochette, vont ouvrir la trappe derrière laquelle une banane les attend ! D'ici quelques générations, les Hommes se remettront à compter sur leurs doigts pour additionner deux et deux s'ils ont égaré leur ordinateur !

— Et au-delà de ce stade ?

— Au-delà ? Ça n'ira guère beaucoup plus loin. Peut-être, un jour, plus personne au monde ne saura-t-il comment un ordinateur fonctionne ni comment en réparer un qui a des défaillances. Ne serait-ce pas là un formidable redémarrage pour toute notre évolution ?

J'ai répondu à son sourire ironique par une grimace.

— Une solution finale presque naturelle, paradoxalement causée par la poursuite du progrès technique ! Cela semble dément…

— Vous n'allez pas me croire, mais je tiens ce scénario pour hautement probable. D'abord, un développement très rapide ; ensuite, l'abêtissement qui s'installe, avec l'oubli total du savoir et du savoir-faire ; puis le règne restauré de l'environnement et de la nature, au milieu desquels il faudra bien survivre. Et enfin, le nouveau départ ! Mais les choses se passeront-elles vraiment ainsi et dans cet ordre ? Qui peut savoir ? Moi pas…

Il a jeté un regard sur sa montre.

— L'heure approche, pour vous !

— Comment est-ce que je m'en irai d'ici ? ai-je demandé, un peu désarçonné par le changement de sujet.

— La Jeep vous attend dans le garage, avec le plein. Vous avez des provisions de route et de quoi boire dans la glacière. Pour le reste, à vous de vous débrouiller. Quant à la question de savoir si je vais ou non abandonner ce refuge, elle restera ouverte pour le moment. Il se pourrait que vous ne le retrouviez pas si vous reveniez demain matin…

Saint-Germain s'est levé.

— Allons-y, Numéro Neuf !

— Je ne suis plus Numéro Neuf, lui ai-je fait remarquer en insistant bien et en lui emboîtant le pas. Et je ne veux plus jamais l'être.

— Je ne vous perdrai pas de vue, m'a-t-il promis, en guise d'adieu.

Et il m'a ouvert la porte sur le monde extérieur.

La fin de l'histoire est vite racontée.

J'ai regagné la civilisation et j'ai « replongé » dans l'incognito anonyme. Le Comte m'avait très généreusement doté en ressources financières et je possédais moi-même encore suffisamment de réserve pour changer de résidence presque tous les mois. D'une métropole à l'autre, j'élisais domicile temporaire dans des hôtels parmi les mieux cotés. Le choix était vaste, et je pouvais me le permettre.

Petit à petit, j'ai commencé à me sentir plus en sécurité et je me suis mis au travail. Je savais déjà à qui je confierais mon manuscrit.

Une opération de chirurgie esthétique, assez onéreuse, avait tellement changé mon apparence physique que je pouvais supposer à juste raison qu'aucun des Inconnus ne serait capable de m'identifier, et que même le Comte n'y parviendrait pas.

En outre, j'avais recommencé à vieillir en toute normalité.

Aujourd'hui, je vis dans un endroit isolé et j'essaie de tirer les conséquences de mon incroyable expérience. Mais le succès ne daigne pas me sourire. Je n'ai jamais plus remarqué quoi que ce soit de l'existence de la Fraternité, bien qu'elle n'ait assurément point disparu. Peut-être a-t-elle renoncé à choisir un nouveau Numéro Neuf et a-t-elle enfin admis que ce n'est pas à elle, mais à l'Homme lui-même de trouver la solution qui lui permettra de survivre.

Lorsque j'ai choisi cette petite maison en bord de mer pour m'installer, ce n'était pas tant pour l'attrait exercé par l'air du large et la propreté exceptionnelle des eaux que pour l'éloignement relatif de la civilisation et de l'industrie modernes. Les gens du village m'ont pris pour un retraité venu passer ici le crépuscule de sa vie, et ce n'était pas tout à fait inexact.

Un an s'est écoulé depuis lors.

Aujourd'hui, pendant ma promenade quotidienne, j'ai aperçu le chantier pour la première fois. Peu après, j'ai appris que l'on allait construire ici une usine de fabrication de peintures. Le lieu est d'autant plus approprié que la production exige d'être approvisionnée en eau de nappe phréatique à la pureté absolue.

Je suis descendu jusqu'au rivage où les vagues qui déferlent dans la baie viennent mourir sur la plage de sable. Le spectacle que j'y ai vu différait de celui d'il y a un an. L'eau était trouble, des sacs en plastique flottaient au gré de la houle, quelques poissons morts gisaient à moitié pourris sur la grève, une voiture d'enfant toute rouillée était coincée entre deux rochers au pied de la falaise. Et, à la surface de la mer, un long ruban irisé s'étirait jusqu'à l'horizon où la silhouette d'un pétrolier se détachait sur le ciel gris.

Accablé d'une brusque lassitude, j'ai fait demi-tour. Soudain, j'avais froid. Je suis rentré à la maison. Le feu brûlait encore dans la cheminée. J'ai ajouté quelques mottes de tourbe et me suis assis devant le foyer. Je me suis réchauffé, et j'ai espéré. Mais les petites flammes qui s'allumaient çà et là ne m'ont pas donné de réponse.

Y en avait-il une, au fond, à la question de savoir comment serait l'avenir ?

Demain, je vais aller voir l'une de mes connaissances qui s'apprête à partir pour un long voyage, et je lui remettrai mon manuscrit. Cet ami sûr l'expédiera de l'endroit de son choix, j'ai confiance. Et peut-être mon récit atteindra-t-il son destinataire.

Moi-même, en dépit des sinistres présages que j'ai vus aujourd'hui, je vais rester ici. Tous mes périples à travers le monde m'ont révélé qu'il n'y a plus aucun endroit où ne se révèlent les signes avant-coureurs de la catastrophe imminente.

Ne sommes-nous vraiment plus capables de réaliser ou, mieux encore, de faire machine arrière ?

Quelqu'un frappe à ma porte. Le bruit léger m'arrache à mes réflexions.

Parfois, des gens du village viennent me rendre visite. Ce doit être l'un d'eux.

Je me lève et vais ouvrir. Devant moi se tient un étranger, à peine reconnaissable dans le soir tombant. Mais sa voix m'est étrangement familière.

— Puis-je entrer ? me demande-t-il avec politesse.

J'augmente l'intensité de l'éclairage, et je laisse passer mon hôte inattendu. Il va s'asseoir dans le second fauteuil, face à la cheminée. C'est seulement à cet instant que je remarque ses yeux très rapprochés l'un de l'autre.

— Monsieur le Comte… ?

Il fait un geste évasif.

— La prophétie du prêtre auquel j'avais dérobé l'élixir est en train de s'accomplir. L'effet s'estompe lorsque se précise l'échéance, m'avait-il dit avant de mourir. En un an, j'ai vieilli de dix. Ça va très vite. Tout va beaucoup trop vite.

— Voulez-vous dire par là que… ?

— Non ! m'interrompt-il sèchement. Même un prêtre peut se tromper. Je suis devenu mortel, c'est vrai, plus mortel que n'importe quel homme ordinaire. Mais je sais à présent une chose : quoi que vous voyiez de sinistre autour de vous, cela ne signifie pas la fin pour notre monde. Il y a des signes, mon ami, des signes très prometteurs, qui nous laissent nourrir quelque espoir. Vous et moi, nous n'avons plus une éternité à vivre, mais l'Humanité pourrait peut-être avoir cette chance si le Bien et la raison qu'elle porte en elle s'imposent enfin.

— La réponse… Vous l'avez trouvée ?

— C'est à chacun de la trouver soi-même, dit-il en tendant les mains vers le feu réconfortant. Il fait plus frais, dehors… Rentrer à pied au village me réchauffera. Je suis à l'hôtel, mais vous ne m'y trouverez plus dès demain matin. Portez-vous bien, mon ami. Nous ne nous reverrons jamais plus.

Je le fixe du regard, incapable de prononcer une parole d'adieu.

Lentement, sa silhouette disparaît dans le crépuscule et la nuit tombante. Je rentre dans la maison et reviens auprès du feu. Un morceau de bûche redonne quelque vigueur aux flammes, et c'est un peu comme si un agonisant recouvrait un souffle de vie.

Juste comme ça, grâce à un bout de bois sec.

L'image chargée de symboles m'est encore présente à l'esprit quand, une fois au lit, j'attends la venue du sommeil.

Et là, plein de confiance, je choisis d'ignorer le léger relent de pourriture qui monte de la mer jusqu'à mon logis…

FIN

Première Postface

CLARK DARLTON, « L'AVENTURE MYSTÉRIEUSE » ET LES NEUF INCONNUS

Jean-Michel Archaimbault

Clark Darlton[9]

De son vrai nom Walter Ernsting, Clark Darlton naît à Coblence le 13 juin 1920. Conséquence des mariages et divorces successifs de sa mère, il vit successivement à Essen, Lüdenscheid et Bonn. Après ses études secondaires, il se lance dans l'élevage de teckels. En 1940, dès le début de la Seconde Guerre Mondiale, il est enrôlé dans la Wehrmacht malgré ses convictions anti-militaristes et son opposition au nazisme. Après la Pologne, la Prusse, la Norvège, la France et la Lettonie, il arrive en Courlande où il est fait prisonnier en 1945.

---

[9] Photo de J.M. Archaimbault, 08/1991.

Dénoncé à l'administration pénitentiaire par un codétenu, il est condamné en 1947 à cinq ans de colonie pénitentiaire à Karaganda, au Kazakhstan. Il revient au pays en 1952, très éprouvé et gravement malade. Une fois guéri, il travaille comme traducteur et interprète auprès des forces américaines d'occupation. C'est pour lui l'occasion de découvrir avec enthousiasme la science-fiction américaine et anglaise telle que la publient les *pulps* auxquels il a accès. Peu après, l'interprète se transforme en conseiller éditorial pour la maison allemande Pabel Verlag.

Walter Ernsting occupe donc désormais la fonction de rédacteur pour la collection *Utopia Großband* de Pabel Verlag. Il effectue des corrections sur des manuscrits et une quantité impressionnante de traductions à partir de l'anglais. Ces activités le stimulent et lui donnent l'idée de s'essayer lui-même à l'écriture. En 1954, son premier roman, *UFO am Nachthimmel* (*OVNI sur le ciel nocturne*, inédit en français), est d'abord refusé par l'éditeur de la collection sans même avoir été lu : à cette époque, le public ne témoigne aucun intérêt aux auteurs allemands de science-fiction… Ernsting propose alors son œuvre en la présentant comme la traduction d'un roman américain dont l'auteur est un illustre inconnu, Clark Darlton. Le roman est immédiatement accepté et paraît sous le numéro 19 de la collection *Utopia Großband*. Deux ans plus tard, le *Hugo* allemand lui est décerné.

En parallèle à ces activités, Walter Ernsting/Clark Darlton s'engage très fortement au niveau du fandom et cofonde en 1955 le *Science Fiction Club Deutschlands*. Il aura par la suite de multiples contacts avec le milieu de la science-fiction américaine, à l'occasion de voyages et de conventions. Par exemple, en août 1965, il rencontrera pour la première fois Forrest J. Ackerman lors de la première Convention de Science-Fiction de Londres.

Son implication dans la future série *Perry Rhodan*, dont il est l'un des deux pères fondateurs, commence en 1960. Certains personnages atypiques qu'il a créés pour elle, tels que le mutant Ernst Ellert et surtout le mulot-castor L'Émir, lui permettent d'exprimer son sens de l'humour et son humanisme. Il écrira au total 192 épisodes pour la série hebdomadaire, de 1961 à 1992, auxquels s'ajouteront 26 romans parus dans la collection de poche et 32 épisodes de la série sœur *Atlan*. Mais son œuvre ne se réduit pas à *Perry Rhodan* et ses dérivés : au total, elle comporte plus de 300 romans et plusieurs dizaines de nouvelles.

En décembre 1981, Walter et Rosemarie (surnommée Bibs), son épouse d'alors, quittent la Bavière et l'Autriche où ils vivaient depuis des années pour s'installer en Irlande du Sud, près de Youghal, dans le comté de Cork. *Cabin Point*, la maison dans laquelle le couple emménage, se situe à Monatrea, sur la côte, avec vue sur la mer. C'est Harry Harrison, que Walter connaît depuis 1975 et le festival SF de Trieste, qui leur a indiqué l'endroit. *Die Neun Unbekannten* (*Le Cercle des Neuf*) a été écrit dans ce havre de paix que Walter évoque d'ailleurs de façon émouvante – et quasi prémonitoire, lorsqu'il parle de l'environnement – dans les toutes dernières pages du roman. En 1985, une grave infection intestinale due à une contamination de l'eau de la nappe phréatique frappe Walter et Bibs. Lui s'en sortira avec difficultés, elle y succombera début décembre 1986… Quelques années plus tard, pour raisons de santé, Walter est contraint de quitter définitivement *Cabin Point* et l'Irlande pour retourner en Autriche. Il résidera à Salzbourg, tout près de ses enfants Robert et Sonja, jusqu'à son décès le 15 janvier 2005.

En hommage à celui que certains ont surnommé « le Nestor [10] de la science-fiction allemande », un astéroïde de la ceinture principale porte depuis 2003 la désignation *(15 265) Ernsting.*

« L'Aventure Mystérieuse »

Dès 1957 et son roman *Planet Lerks III* (inédit en français), Clark Darlton développe une intrigue autour du thème des visiteurs extraterrestres qui, jadis, ont stimulé l'évolution des ancêtres de l'Humanité et auraient laissé des traces de leur passage sur notre planète. Il y reviendra fréquemment par la suite, et certains arrière-plans de la série *Perry Rhodan* se baseront sur de telles idées en les mêlant adroitement à des composantes qui relèvent de « L'Aventure Mystérieuse »[11], par exemple l'Atlantide et sa civilisation engloutie. En d'autres termes, un peu à l'instar de notre Jimmy Guieu national, Clark Darlton fait partie des auteurs de science-fiction qui ont très tôt semé les graines de ce que l'on appellera plus tard l'astroarchéologie.

En 1968, Ernsting fait la connaissance du Suisse allemand Erich von Däniken dont le livre *Erinnerungen an die Zukunft* (*Présence des Extraterrestres*, en version française) vient juste de paraître. Les deux hommes deviendront vite de grands amis qui partagent bien des idées et des points de vue. Ernsting utilisera de manière judicieuse plusieurs hypothèses et témoignages de von Däniken dans son roman *Der Tag, an dem die Götter starben* (publié en

---

[10] En référence au Nestor mythologique et au plus sage des héros de la guerre de Troie.
[11] Référence délibérée au nom de la collection « rouge et or » autrefois publiée par J'Ai Lu, et dont il sera souvent fait mention par la suite.

France en 1975 sous le titre *Le jour où moururent les dieux*, alors que la première édition de sa version originale ne paraîtra en Allemagne qu'en 1979). Mais une question anecdotique restera en suspens : certaines extrapolations qui ont fait les beaux jours de la série *Perry Rhodan* n'auraient-elles pas inspiré von Däniken, dès ses débuts puis pour la construction de sa théorie des *Anciens Astronautes* ?

Quoi qu'il en soit, lorsque le juriste américain Gene Philips fonde en 1973 l'*Ancient Astronauts Society*, Ernsting et von Däniken en sont immédiatement membres d'honneur. Les années suivantes, les deux amis partent fréquemment en voyage. Ils sont ensemble en Amérique du Nord et du Sud en 1974, avec un passage en Californie où Ernsting rend visite à Forrest J. Ackerman dans sa célèbre *Ackermansion* (c'est d'ailleurs « Forry » qui a lancé l'édition américaine de *Perry Rhodan*, et la traduction a été assurée par son épouse Wendayne). Début janvier 1976, Ernsting est présent à la première convention américaine *Perry Rhodan*, qui se tient à Washington et ne sera sauvée de la catastrophe financière que grâce au providentiel Ackerman. En juillet 1977, von Däniken, son secrétaire Willi Dünnenberger et Ernsting s'en vont au Brésil et plus particulièrement en Amazonie pour y recueillir des preuves sur l'existence de vestiges extraterrestres dans d'anciennes cités perdues en pleine forêt vierge (l'objectif est de confirmer les dires de « l'Indien » contesté Tatunca Nara, *alias* Günther Hauck, l'un des contacts de von Däniken au Brésil).

Tout comme pour *Le jour où moururent les dieux*, la part autobiographique présente dans *Le Cercle des Neuf* est donc indéniable : plusieurs des voyages que décrit le narrateur se basent sur le vécu de l'auteur, en particulier l'expédition amazonienne au nord du Brésil, à la frontière du Venezuela, où un cube de métal massif sera découvert et récupéré dans un temple secret. En outre, la plupart des amis proches que mentionne le personnage central comptent parmi ceux de Walter Ernsting. Un peu de réalité dans beaucoup de fiction – mais où se situe vraiment la frontière ?

La question renvoie inévitablement à plusieurs références figurant dans le texte. Tout d'abord, le narrateur évoque ses rencontres, à Paris, avec des adeptes de la théorie des Supérieurs Inconnus et de leurs refuges secrets, Jacques (Bergier) ainsi que Georges (H. Gallet ?), bien avant la publication du *Matin des Magiciens* qui, en 1960, allait provoquer une véritable prise de conscience populaire sur ce genre de sujets. Plus loin, il fait allusion à Jacques (Bergier) qui, en 1937, a rencontré un personnage assimilable aux Neuf Inconnus qu'il a appelé Fulcanelli. Avec *Walter*, son ami de Salzbourg (petit effet miroir où le héros avance dans sa démarche en se faisant aider par son propre auteur !), il a plusieurs grandes discussions sur les sciences marginales et les montagnes en partie creuses où se manifesteraient des altérations du temps.

Toujours en relation avec la frontière entre réalité et fiction évoquée précédemment, voici donc l'un des éléments importants du récit : les « montagnes magiques » qui existent sur notre Terre. Sept d'entre elles dissimulent des stations secrètes des Neuf Inconnus : l'Untersberg, les Monts Gávea, Shasta, Aylmer, Karisimbi, Woodroffe, et un massif non précisé des Andes. Pour mémoire, les trois autres bases se trouvent l'une sous les glaces de l'Antarctique, l'autre au fond de l'Atlantique au centre du Triangle des Bermudes, et la dernière au Tibet dans la mythique vallée de Shangri-La[12].

---

[12] Voir *Lost Horizon* de James Hilton (1933), dont la plus récente

La réputation mystérieuse de l'Untersberg, dans les Alpes bavaroises à la limite de l'Autriche, ne date pas d'hier et elle est aussi bien évoquée qu'utilisée par Walter Ernsting. Soit dit en passant, son fils Robert anime depuis plusieurs années une association appelée *Freunde des Untersbergs* (*Les Amis de l'Untersberg*) dont les bulletins d'information ont souvent un contenu surprenant – qui va de la « montagne magique » et des témoignages s'y rapportant jusqu'aux énergies cosmiques et universelles.

Parmi les autres lieux cités, il semble que seul le Mont Shasta ait été retenu par les chercheurs de l'étrange. Dans *Histoire inconnue des hommes depuis 100 000 ans* (première parution en 1963 aux éditions Robert Laffont), Robert Charroux rappelle ce qu'écrit Serge Hutin à propos de ce sommet dans *Les civilisations inconnues* (Arthème Fayard, 1961) qui sera repris en 1970 chez J'Ai Lu dans la collection *L'Aventure Mystérieuse* sous le numéro A 238 et le titre *Hommes et civilisations fantastiques*. En résumé, dans le sous-chapitre intitulé *Mystères en Californie*, Hutin indique que le Mont Shasta serait habité par une population très évoluée, pacifique, fuyant tout contact avec les voyageurs qui s'aventurent dans le district. Des témoins disent que ces gens semblent venir d'une cité inconnue cachée à l'intérieur même du cratère du Mont Shasta qui est un volcan éteint, et qu'une clarté aveuglante immobilise sans les endommager les véhicules des visiteurs indésirables.

Les ouvrages cités ci-dessus étant très facilement accessibles, y compris via Internet, nous ne retranscrirons pas ici les extraits relatifs au Mont Shasta, mais

---

publication en France est une nouvelle traduction sous le titre *Horizon Perdu* aux éditions Terre de Brume, collection Terres Mystérieuses n°18, 2006.

donnerons plutôt la préférence à la traduction d'une partie de l'article *Rêverie autour de l'Agartha* (*Träumerei um die Agartha*), contribution de Hugo Jost à l'ouvrage collectif *Kosmische Spuren* (*Traces Cosmiques*) inédit en français, compilé par Erich von Däniken et paru chez Goldmann Verlag en 1988.

« En 1931, le docteur en médecine M. Doreal a suscité l'intérêt du public américain par la publication de son article très contesté *Mystery of Mount Shasta*. Il y était question d'un sommet volcanique de l'état de Californie jusqu'alors à peine connu du monde entier.

« Le docteur Doreal affirmait, dans son article, qu'une vallée quasi fermée et très difficile d'accès se dissimulait au sein de la montagne, abritant une énigmatique cité environnée par une végétation paradisiaque. Les bâtiments blancs de la ville seraient inondés d'un soleil aveuglant, sous un ciel à la pureté du cristal, le climat serait subtropical et d'imposants édifices rappelant par leur forme le style des Mayas ou des Aztèques se dresseraient çà et là. Des centaines de personnes portant d'amples vêtements blancs se promèneraient dans les rues de la cité. Plusieurs hommes à la barbe et aux cheveux longs l'auraient accueilli, lui, le docteur Doreal, avec une amabilité bienveillante.

« Ces personnages ont décrit leur ville secrète comme étant le refuge des derniers descendants d'une très ancienne culture qui se serait engloutie dans le Pacifique.

« Ainsi que le docteur Doreal le relate plus avant, ses hôtes empreints d'une dignité majestueuse lui ont montré de quelle façon simple les lois de la Nature peuvent être neutralisées. Il leur est donc possible, à l'aide d'étranges forces que le docteur Doreal n'a pas comprises, de se diluer dans le néant ou bien de contracter et d'expanser à volonté l'espace dans lequel ils se trouvent.

« Il est évident qu'un récit aussi imaginatif ne pouvait que susciter de vives critiques à sa publication. À plus forte raison, puisque le docteur Doreal n'a jamais démenti la moindre de ses affirmations tout en étant hélas bien incapable de présenter quelque preuve tangible que ce soit pour conforter son témoignage.

« Le Mont Shasta est un sommet énigmatique et auréolé de mystère autour duquel se sont tissées bien des légendes indiennes, depuis des siècles voire des millénaires. La grande curiosité notable, encore bien visible de nos jours, consiste en cette centaine de cercles qui sont gravés dans la roche ou simplement matérialisés par des pierres juxtaposées. L'on peut également trouver, sur des dalles de lave volcanique jadis vomie par le Mont Shasta, de nombreux pétroglyphes indiens datant de siècles ignorés.

« Qu'a vraiment vu le docteur Doreal ? Sa puissance imaginative l'a-t-elle trompé ? S'est-il endormi, pour rêver l'étrange rencontre ? Ou bien existe-t-il réellement un phénomène tel qu'un « mur temporel » encore inconcevable pour nous, à notre niveau de connaissance de l'univers physique ?

« Le docteur Doreal aurait-il traversé cette barrière hypothétique pour se retrouver, quelques heures durant, dans un monde qui a dû lui sembler tout droit sorti d'un conte de fées ?

« Le nom de la montagne est également une bizarrerie. *Shasta* ne vient ni de l'anglais, ni d'un dialecte indien local. Il s'apparenterait au sanscrit et signifierait « fraternité sacrée ». Les légendes parlent d'êtres mystiques qui, il y a des millénaires, utilisaient cette montagne comme une porte vers un autre monde. Et les forestiers habitant la bourgade voisine de Weed se racontent d'hallucinantes histoires où des silhouettes encapuchonnées de blanc entrent en sortent de la montagne, disparaissant parfois dans un éclair de feu bleuté.

« Je ne me prononcerai pas sur la présence ou non, dans des évocations aussi fantastiques, d'un noyau de vérité bien réelle. Mais les récits parlant du Mont Shasta m'amènent à des recoupements avec toutes ces montagnes particulières qui, de par le monde, ont toujours été considérées comme les demeures ou les trônes des dieux… »

Les Neuf Inconnus

Dans le roman de Clark Darlton, ce ne sont point les dieux qui hantent les « montagnes magiques », mais les membres de cette Fraternité secrète qui constitue le thème central du livre. Et, au moins à la base, il s'agit des Neuf Inconnus que Louis Pauwels et Jacques Bergier présentent en détail dans *Le matin des magiciens* (pages 80-85 de l'édition Folio) après avoir posé en postulat de base (pages 70-71 et 73 de la même édition) que de tout temps, les avancées et découvertes scientifiques ont toujours été sous contrôle, éventuellement au secret. Rappelons que l'ouvrage, paru en France en 1959, a été traduit en allemand et édité outre-Rhin en 1962 où il a également connu un très grand succès. Pauwels et Bergier « tracent » leurs manifestations au $X^{\text{ème}}$ siècle en la personne de Gerbert d'Aurillac, autrement dit du pape Sylvestre II, puis au XIXe siècle où Louis Jacolliot, consul de France à Calcutta sous le Second Empire, mentionne leur existence certaine dans son œuvre sur les grands mystères de l'Humanité. Ils déclarent ensuite le roman *The Nine Unknown (Les Neuf Inconnus)* de l'Anglais Talbot

Mundy[13], paru en 1923, comme étant la première vulgarisation de l'histoire de ce cercle mystérieux. Nous y reviendrons plus longuement dans l'approche transverse intitulée *Boucle autour des Neuf* qui constitue la seconde postface au présent ouvrage. À noter au passage que bien des pages Internet qui fournissent des détails sur les Neuf Inconnus reprennent *in extenso* la « source » Pauwels-Bergier, le cas échéant traduite dans d'autres langues[14].

La première extrapolation introduite par Clark Darlton porte sur une origine réelle de la Fraternité bien plus ancienne que le IIIe siècle avant J.-C., l'attribuant à neuf savants survivants de l'ancienne civilisation très développée qui, sur Terre, a précédé la nôtre et s'est anéantie dans une catastrophe mondiale. Ces scientifiques ont décidé de sauver tout le savoir d'alors et de le dérober au commun des mortels afin qu'un tel drame planétaire ne se reproduise plus jamais. Et ce, jusqu'au jour où la nouvelle Humanité sera devenue suffisamment mûre et raisonnable pour pouvoir bénéficier de toutes ces connaissances sans risquer de s'autodétruire. En résumé, les Neuf détiennent un pouvoir qui pourrait leur permettre de prendre le contrôle absolu de la Terre, mais ils se contentent encore d'observer.

Bien évidemment, et c'est la seconde extrapolation qu'amène Darlton, les Neuf Inconnus sont les seuls

---

[13] De son vrai nom William Lancaster Gribbon (1879-1940), Talbot Mundy a vécu une existence assez mouvementée et séjourné en Inde plusieurs années entre 1899 et 1909, y exerçant diverses activités entre autres dans l'administration, le journalisme et à l'occasion le « renseignement » pour les autorités britanniques. Il ne se met à l'écriture qu'à partir de 1910. Référence https://en.wikipedia.org/wiki/Talbot_Mundy.

[14] Voir par exemple *History of India* à l'adresse http://www.indohistory.com/nine_unknown_men.html.

héritiers et dépositaires d'une technologie très en avance sur la nôtre, car elle date d'une civilisation antérieure. Que celle-ci ait ou non bénéficié de l'aide de visiteurs extraterrestres n'est pas la question, dans le livre. Nous l'avons déjà évoqué, c'est une idée autour de laquelle l'auteur a abondamment brodé dans nombre de ses romans de science-fiction, et qui a également inspiré beaucoup de monde.

La troisième extrapolation est la relation entre les Neuf Inconnus et les « montagnes magiques » dont il a précédemment été question. L'une de ses conséquences les plus percutantes est le phénomène de ralentissement temporel dont elles sont le siège, un formidable remède contre le vieillissement, mais qui n'exclut pas sa part de contraintes eu égard au monde extérieur.

La quatrième extrapolation, qui survient de façon assez tardive, mais constitue l'un des points majeurs du roman, se focalise sur le Comte de Saint-Germain. De façon logique et « naturelle », l'auteur adopte l'hypothèse de son immortalité – à laquelle il fournit un rapide semblant d'explication et, avec intelligence, qu'il montre au final comme toute relative. Cette immortalité permet au Comte de jouer à travers le temps un rôle nuancé assez inattendu, fort intéressant de par ses potentialités. Darlton s'amuse incidemment à lui prêter plusieurs « incarnations » qui titillent la curiosité du lecteur, mais il ne s'y attarde pas et c'est tout à son avantage de demeurer dans l'allusion. Il n'est pas nécessaire d'en rajouter sur le personnage de Saint-Germain qui fait déjà l'objet d'une très abondante littérature, y compris dans l'imaginaire, et nous ne le ferons pas non plus ici. Par contre, l'idée de le rattacher aux Neuf Inconnus et d'en faire un « déviant » éclairé vis-à-vis des lois du Cercle est une trouvaille magistrale.

Pour terminer sur le chapitre des Neuf Inconnus, ajoutons à titre de précision documentaire que Clark Darlton cite également la version Pauwels et Bergier de leur histoire dans son roman *Der Sprung ins Jenseits*[15] (*Le saut dans l'au-delà*, inédit en français) qui est une version augmentée et retravaillée de *Das Leben endet nie*[16] (*La vie n'a jamais de fin*, inédit en français).

Enfin, les êtres supérieurs à la rencontre desquels partent plusieurs Terriens, au terme d'une saisissante quête menée à diverses époques grâce au vaisseau *Time Splitter* conçu dans ses moindres détails par Einstein et capable de briser le mur du temps, sont peut-être les entités spirituelles qui ont jadis « inspiré » le premier cercle de sages à l'origine des Neuf. Mais ceci est – et restera – une autre histoire[17]…

---

[15] Heyne Science Fiction n°3123, 1968 puis *Terra Taschenbuch* n°301, Moewig, 1978.

[16] *Utopia Großband* n°301, Moewig, 1959 puis *Terra Extra* n°45, Moewig, 1964.

[17] *Time Splitter* (inédit en français) est le titre du « manuscrit perdu » d'un roman écrit en 1986 par Walter Ernsting sur une idée de Gilbert Lambert, que Robert et Sonja Ernsting ont récemment exhumé et fait publier en octobre 2015 chez l'éditeur Hesper Verlag.

Seconde Postface

BOUCLE AUTOUR DES NEUF

Jean-Michel Archaimbault

Les Neuf Inconnus de Talbot Mundy

Deux angles d'approche de cette œuvre sont possibles : soit lire en version anglaise ou française le roman originel[18], soit consulter le chapitre du livre *Admirations*[19] de Jacques Bergier intitulé *Talbot Mundy ou les Neuf Secrets des Neuf Inconnus*[20].

Nous « expédierons » assez rapidement le dithyrambique Bergier qui, à son habitude, va nous emmener « vers l'infini, et au-delà »… L'on en retient tout d'abord que les Neuf Inconnus existent, car l'auteur connaît des gens qui en ont connu et qui, à l'occasion, ont eu le privilège de se voir révéler quelques secrets. Lui-même, d'ailleurs, a très bien pu en croiser sans le savoir au cours de son existence mouvementée. Ensuite, Bergier encense le roman de Talbot Mundy (encore inédit en version française, à l'époque où fut écrite l'analyse) et en donne un résumé qui se focalise sur des considérations scientifiques de détail sans dévoiler quoi que ce soit de palpable au sujet des Neuf.

---

[18] Le texte intégral en anglais de *The Nine Unknown* est disponible sur Internet. La seule version française à ce jour, dans la traduction de Claude Gilbert, est parue sous le titre *Les Neuf Inconnus* aux éditions du Rocher en 1976. L'auteur remercie chaleureusement Joseph Altairac qui lui a trouvé et offert un exemplaire de ce livre devenu rare.

[19] Christian Bourgois, 1970.

[20] L'intégralité de ce chapitre figure également en postface à la réédition du roman *L'œuf de jade,* du même Talbot Mundy, dans le volume n°19 de la collection Fantastique/SF/Aventure des Nouvelles Éditions Oswald (NéO) paru en 1980.

En fin de compte, *Le matin des magiciens* en dit bien davantage sur eux qu'*Admirations…* et que Mundy lui-même, comme nous allons le voir.

Il est donc conseillé de se plonger dans le roman originel, de préférence dans sa version anglaise, car le seul texte français disponible laisse l'impression d'un récit d'aventures plutôt chaotique et brouillon. Quoi qu'il en soit, la source directe est riche de renseignements dont voici la synthèse.

— Les Neuf sont les héritiers de toutes les connaissances scientifiques anciennes.

— Aussi vieille que l'Inde, leur organisation repose sur une structuration pyramidale cloisonnée à l'horizontale : à quelque niveau que ce soit, un membre de l'organisation connaît ses huit homologues de même niveau, les neuf qu'il commande, et son supérieur direct dont il reçoit les ordres. Il est impossible de « remonter » l'organisation, « les pistes sont coupées – ou bouchées – par-dessus. » « Le seul moyen de maîtriser ou d'enquêter est par le haut. »

— Au sommet, les Neuf se connaissent entre eux et forment un Conseil qui se perpétue de lui-même.

— Ils sont les détenteurs-dépositaires de neuf livres qui constituent la base soit de l'occultisme sombre (*dixit* un prêtre catholique, le Père Cyprien, qui est l'un des personnages du roman), soit de la sagesse absolue.

— La finalité des Neuf serait l'accumulation d'une richesse colossale pour arriver à abolir le capitalisme et provoquer la fin du Kali Yuga, l'ère des ténèbres. Mais leur but est aussi la survie du monde. « Ils protègent les secrets, et les secrets les protègent. » « Les forces que les Neuf Inconnus savent utiliser sont infiniment plus grandes que celles dont n'importe lequel de ces imbéciles qui préparent des guerres a jamais rêvé. »

— À certaines époques, les Neuf Inconnus ont confié certains secrets à des individus qu'ils estimaient fiables, et ils se sont trompés. Les conséquences en ont été catastrophiques : naissance de l'occultisme, de la magie noire et de la manipulation des esprits, déviation de pratiques médicales à des fins criminelles…

La plupart de ces précisions sont données dans les trois derniers chapitres du livre de Mundy, qui en sont la partie la plus instructive et la plus convaincante. Les héros de l'histoire reçoivent confirmation de l'existence et des desseins altruistes des *vrais* Neuf Inconnus par l'un de leurs envoyés, le Bhima Ghandava. Ils apprennent que ceux auxquels ils se sont heurtés tout au long de leur affaire sont des adorateurs de Kali qui se font passer pour les Neuf, mais qui œuvrent dans leur seul intérêt égoïste et leur volonté de conquérir le pouvoir.

La preuve de la puissance des Neuf Inconnus se révèle dans la crypte d'un temple située sous le lit du Gange, à Bénarès. C'est la nature et l'origine du processus qui rend « miraculeuses » les eaux du fleuve sacré, à savoir, l'or est le plus grand agent purificateur de l'univers. Mais il est aussi à la racine de tout mal. Dans la crypte, depuis cent siècles, l'or « goutte » et se transforme en électrons, libérant une prodigieuse énergie radiante.

Les aventuriers auront le droit et le devoir de raconter ce qu'ils ont vu. Mais ils n'ont pas vu et ne verront jamais les *vrais* Neuf Inconnus.

Ce n'est pas le cas du narrateur du roman de Clark Darlton, qui sera même admis à intégrer le Cercle des Neuf au terme de plusieurs péripéties déterminantes. Parmi celles-ci, le court séjour en Inde s'inspire très peu de Mundy, mais très fort de récits faits à Walter Ernsting par son ami Erich von Däniken qui, évidemment, a trouvé là-bas des traces et des indices *strictement authentiques*.

Apparitions ultérieures des Neuf Inconnus « canoniques »

Se lancer sur les traces bibliographiques des Neuf Inconnus est une affaire tortueuse, sans garantie aucune d'exhaustivité, mais riche en surprises parfois étonnantes. Les Neuf Inconnus « canoniques », ceux que citent Pauwels et Bergier, qui sous-tendent le roman de Mundy et autour desquels gravite le héros de Clark Darlton, ne font finalement que de discrètes apparitions officielles dans plusieurs ouvrages ci-après répertoriés.

Dans *Soucoupes volantes et civilisations d'outre-espace*[21], en pages 61-62, Guy Tarade souligne que d'après le *Mahabharata*, « les sages durent occulter la science pour des raisons de sécurité ». En page 255, « Connaissance, c'est-à-dire science, égale danger ! Cette idée domina toujours les actions des initiés du monde entier, qui se refusèrent de partager avec le commun des mortels le privilège de savoir ce que beaucoup doivent ignorer. » Au chapitre XVIII de ce même ouvrage, pages 287 à 291, 298 et 300, l'auteur reprend presque *in extenso* le passage du *Matin des magiciens* consacré aux Neuf Inconnus alors même que Serge Hutin, dans *Gouvernants invisibles et sociétés secrètes*[22], déclarera que Guy Tarade, dans son livre, « a tenté de faire enfin toute la lumière possible sur les Neuf Supérieurs Inconnus ». Le cercle s'amorce…

Jacques Bergier, dans *Visa pour une autre Terre*[23], mentionne les Neuf Inconnus au chapitre VI intitulé *Sociétés secrètes et centrales d'énergie* puis écrit, au chapitre VII intitulé *Les idées d'un non-initié sur l'ini-*

---

[21] J'Ai Lu, *L'Aventure Mystérieuse* n°A 214, 1969.

[22] J'Ai Lu, *L'Aventure Mystérieuse* n°A 269, 1971.

[23] Albin Michel, 1974 puis J'Ai Lu, *L'Aventure Mystérieuse* n°A 351, 1977.

tiation : « Aux Indes, la situation est encore plus difficile. On rencontre, m'a-t-on dit, à la douzaine des gens
qui ont vu un des *chelas* ou disciples des Neuf
Inconnus. Mais personne qui ait rencontré les Neuf
Inconnus eux-mêmes : les *chelas* en question, après
avoir reçu un message à transmettre ou transmis eux-
mêmes un message non sollicité, refusent toute explication et ne se souviennent plus de rien la fois d'après.
Tout ce qu'on sait, c'est que la société des Neuf
Inconnus est aussi ancienne que l'Inde elle-même.
Mais le contact avec cette société ne paraît pas facile. »
L'on reconnaît là un mélange de choses déjà lues dans
Le matin des magiciens et dans le roman de Mundy. Le
cercle se poursuit… et peut-être commence-t-il même
déjà à se refermer sur lui-même.

Car les références suivantes aux Neuf Inconnus vont
carrément nous entraîner « ailleurs ».

Avatars occultistes, néo-ésotériques, et intertextualité dans la littérature d'imagination

Dans un essai intitulé *Tarzan et les Neuf Inconnus*[24],
Ciremya Perenna commence par resituer les Neuf
Inconnus « canoniques » en reprenant les données de
base du Matin des magiciens et les éléments propres au
roman de Talbot Mundy. Il trace ensuite le « futur »
bibliographique du Cercle des Neuf en mentionnant
tout d'abord qu'Aleister Crowley puis L. Ron Hubbard
y feront référence, et ensuite que des extensions au-
delà de nos limites planétaires seront développées
notamment par Andrija Puharich selon un processus de

---

[24] Paru en 2004 dans les numéros 53, 54 et 55 de *La Tribune des
Amis d'Edgar Rice Burroughs*, version révisée et complétée entre
2004 et 2010 disponible sur le site wold.newton.free.fr.

type conspirationniste magistralement démonté par Lynn Picknell et Clive Prince dans *La Porte des Étoiles*[25].

Concernant d'abord Crowley, Serge Hutin, toujours lui, indique une piste intéressante dans son ouvrage *Aleister Crowley*[26]. En pages 56-57, se basant sur l'autobiographie du mage *The confession of Aleister Crowley* (John Symonds et Kenneth Grant, 1969), il mentionne le contact qu'a eu Samuel Lidell Mathers, l'un des chefs de la Golden Dawn pour les Îles Britanniques, maître puis rival de Crowley, avec les « Maîtres Cosmiques » tel que rapporté par Francis King dans *Magie rituelle et sociétés secrètes*, (Denoël, 1972, traduction de *Ritual Magic in England*, 1970).

« Je ne connais même pas leurs noms terrestres (ceux qu'ils portèrent avant d'atteindre la surhumanité). Je les connais seulement par certains hiéronymes secrets, et je ne les ai vus que très rarement sous leurs espèces physiques ; en ces rares occasions, ils me donnaient rendez-vous astralement et me rencontraient en chair et en os à une heure et en un lieu fixés au préalable.

« Pour ma part, je crois qu'ils sont humains et qu'ils vivent sur cette Terre, mais qu'ils possèdent des pouvoirs terribles et surhumains.

« Quand un de ces rendez-vous avait lieu dans un endroit très fréquenté, il n'y avait rien dans leur apparence personnelle ou leurs vêtements qui les distinguât en quoi que ce soit des gens ordinaires, excepté une apparence et une impression de santé et de vitalité transcendantes (qu'ils aient l'aspect de personnes

---

[25] Traduction française de *The Stargate Conspiracy* (1999) parue aux éditions du Rocher (2001) puis rééditée par J'Ai Lu, *L'Aventure Secrète* n°8147, 2006.

[26] Marabout, *Univers Secrets* n°435, 1973.

jeunes ou âgées) ; c'était leur caractéristique invariable ; en d'autres termes, ils avaient l'apparence physique que la possession de l'Élixir de Vie est traditionnellement censée conférer.

« Quand le rendez-vous avait lieu dans un endroit
coupé de tout accès avec le Monde Extérieur, ils
venaient habituellement revêtus d'insignes et de robes
symboliques. »

En pages 100 et 101 de son livre, Hutin indique éga-
lement que Crowley, durant un grand voyage en
Extrême-Orient, aurait fait « l'expérience d'une "initia-
tion astrale" au cours de laquelle il aurait été reçu dans la
Hiérarchie Invisible par les chefs secrets du Troisième
Ordre – ceux qui avaient naguère contacté Mathers. »

Pour L. Ron Hubbard, la piste aboutit très probablement aux théories fondatrices de la scientologie, et
nous ne l'avons pas explorée plus avant.

En ce qui concerne Andrija Puharich et Uri Geller[27],
pour ne citer qu'eux en matière de « néo-ésotérisme », les
Neuf n'ont plus rien de comparable avec ceux de Talbot
Mundy et de Clark Darlton, bien moins « New Age »,
mais tout aussi inquiétants – sinon davantage – que des
entités supérieures désincarnées revenues à bord d'un
vaisseau spatial qui glisse dans le sillage d'une comète !
L'on rejoint presque les Supérieurs Inconnus quelque peu
immatériels de Mathers et Crowley ou de leurs prédécesseurs occultistes – pour n'en citer qu'une, Helena
Petrovna Blavatsky, auteur d'*Isis dévoilée* et de la célèbre
Doctrine Secrète. Comme si, sur un peu plus d'un siècle,
une boucle particulière se refermait...

---

[27] Pour plus de détail, voir *Uri Geller*, par Andrija Puharich, version française publiée par J'Ai Lu, *L'Aventure Mystérieuse* n°A
337, 1974.

Passons maintenant à la littérature d'imagination : premier élément d'intertextualité, les Neuf existant dans un lointain futur et qui sont à l'origine des vaisseaux temporels de *La Patrouille du Temps*[28] peuvent sembler éloignés des Neuf Inconnus « canoniques » qui ont constitué leur cercle dans un passé très reculé. Et pourtant…

Pour le second élément d'intertextualité, Cireymia Perenna nous renvoie à Philip José Farmer et à sa trilogie *La jungle nue/Le seigneur des arbres/The mad goblin*[29] centrée sur Lord Grandrith, où Tarzan et Caliban sont confrontés à des Neuf Inconnus bien plus proches de ceux de Mundy et Darlton. Et sa synthèse d'ensemble s'avère fort intéressante :

« Nous avons donc montré d'une part que contrairement à ce qu'affirme la tradition, les Neuf Inconnus ne sont pas nés sous l'empire d'Asoka, deux cents ans avant Jésus-Christ, mais aux alentours de – 24 000 av. J.-C. et, d'autre part, que leur but n'est pas la protection de l'Humanité contre elle-même, mais la création d'un voyageur temporel responsable de leur propre immortalité.

« Néanmoins, pour parvenir à son but, cette société secrète a développé dans l'ombre un immense savoir technologique (maîtrise de l'énergie de l'atome dès le milieu du XIXe siècle avec la construction des *Nautilus*) ainsi qu'une monumentale emprise sur l'Humanité de manière à se donner les moyens d'accomplir leur plan

---

[28] Mention dans la première nouvelle du cycle, *The Time Patrol*, Poul Anderson, 1956 (Fiction n°28), *in* Marabout Géant n°G232, 1965 puis multiples rééditions J'Ai Lu, Le Livre de Poche, Le Bélial…

[29] *A Feast Unknown*, 1969, première publication française dans Chute libre n°1, Champs libre 1974, puis chez Jean-Claude Lattès, *Titres/SF* n°12, 1979 / *Lord of the trees*, 1970, première publication française aux Presses de la Cité, *Futurama 3ème série-Superlights* n°32, 1986 / *The mad goblin*, 1970, inédit en français.

(construction de vaisseaux temporels, comme le précise Poul Anderson dans la première nouvelle du cycle *La Patrouille du Temps*) et de permettre à Tarzan de "bondir" en – 12 000 et – 24 000 av. J.-C. La trilogie de Philip José Farmer consacrée à Lord Grandrith montre que la création artificielle d'un Tarzan est absurde et tournera vite au grotesque (le personnage échappe complètement aux Neuf Inconnus, il ne voyagera pas dans la préhistoire pour leur faire don de l'immortalité) ; néanmoins, les avancées technologiques des Neuf Inconnus sont indéniables et leur influence sur l'Humanité a été – est ? – très importante. »

Vous aurez noté au passage que l'étude d'intertextualité mentionne aussi l'aide des Neuf Inconnus dans la construction du *Nautilus* dont le Prince Dakkar, alias le capitaine Nemo, sera le célèbre commandant. L'essai intitulé *Les identités secrètes du capitaine Nemo*[30], toujours par Ciremy a Perenna, indique entre autres choses quelques pistes selon lesquelles une influence des Neuf Inconnus sur notre Jules Verne national ne serait pas non plus à exclure.

Une relecture-appropriation franco-française
Pourquoi le seul Jules Verne ? pourrait-on se demander. Très juste, en effet. Voici donc une surprise plutôt inattendue.

---

[30] Ce travail élaboré entre 2004 et 2010 est disponible sur le site wold.newton.free.fr. Est également conseillée la lecture de l'essai *Univers primaires et mondes parallèles*, toujours du même auteur, paru en 2008 dans les numéros 69 et 70 de *La Tribune des Amis d'Edgar Rice Burroughs*, version révisée et complétée entre 2007 et 2010 disponible sous le titre *Mondes parallèles et perpendiculaires* sur le site wold.newton.free.fr.

Le mystère des Sups[31], de B.R. Bruss[32], n'a en apparence rien à voir avec le sujet qui nous occupe. Effectivement, les Neuf Inconnus sont totalement absents de ce roman – du moins pour ce qui est de leur désignation et de la Fraternité, car, dans le principe, les Sups assument tout à fait le rôle attribué aux Neuf Inconnus « canoniques ».

La chronologie « historique » détaillée dans le roman est la suivante :

En 2010, la Terre est peuplée de sept milliards trente ou trente-cinq mille habitants. Une guerre atomique mondiale éclate.

Vers 2110, après une lente renaissance de la civilisation survivante, les Sups interviennent pour la première fois dans le but de mettre fin à une nouvelle guerre conventionnelle ; ils mènent ultérieurement plusieurs actions de même type.

En 2151, des Humains découvrent par hasard le « mur invisible » qui entoure l'un des lieux d'implantation des Sups et en interdit l'accès. Les Sups exigent la livraison du premier tribut.

En 2200, l'Organisation secrète de lutte contre les Sups est créée.

En 2230, les Sups procèdent à un « grand nettoyage » durant lequel ils collectent tous les ouvrages et données scientifiques de la seconde moitié du XIXe siècle et du XXe siècle jusqu'à l'époque actuelle, démantèlent les industries nucléaires renaissantes et mettent un terme aux débuts de la reprise des industries et recherches astronautiques. Ils instaurent la régulation stricte du progrès. La Terre est partagée en deux cents districts.

---

[31] Fleuve Noir *Anticipation* n°318, *Hors-Série* n°9, avril 1967, jamais réédité à ce jour.

[32] De son vrai nom René Bonnefoy (1895-1980).

En 2412, année durant laquelle se déroule le récit, la Terre compte près de huit cents millions d'habitants répartis dans les deux cents districts. Les Sups sont environ cent quarante mille, toujours établis dans les trois villes de Roem, Blany et Surlo, inaccessibles aux Humains ordinaires. Ceux-ci ignorent toujours qui sont les nouveaux maîtres du monde et imaginent les hypothèses les plus inquiétantes. Les héros du roman apprendront évidemment la vérité au terme de péripéties parfois très angoissantes. Les révélations exposées en détail par un Sup dans les pages 228 à 232 du livre figurent ci-après.

« — […] Et croyez bien que nous ne vous sommes pas supérieurs, ni physiologiquement ni mentalement, car nous sommes faits du même sang et de la même chair que vous. Nous sommes des hommes et des femmes, comme vous. Et si l'Humanité, il y a quatre siècles, n'avait pas commis la folie de se lancer dans une guerre atomique effroyable, si elle avait renoncé aux guerres, elle serait dans son ensemble au même point de progrès que nous.

— Mais comment se fait-il que…

— Que nous ayons fait ce que nous avons fait ? Que nous soyons devenus pour vous les Sups ? Je vais vous le dire. Cela a commencé avant même la guerre atomique. Dès la fin du XXe siècle, de nombreux savants de tous les pays s'inquiétèrent des menaces effroyables qui pesaient sur le monde. Ceux qui s'inquiétaient étaient précisément ceux qui s'occupaient de ces armements monstrueux. Certains d'entre eux désertèrent. Dans chaque camp, on crut qu'ils étaient passés au camp adverse. Ce n'était pas le cas.

« Ces hommes, qui se voyaient dans des congrès scientifiques, qui se connaissaient et s'estimaient, avaient déjà fondé une sorte d'Organisation. Ils se fixèrent ici même, en cet endroit que nous appelons nous aussi Roem. Ils s'y installèrent secrètement avec leurs familles. Ils furent d'abord dix, puis vingt, puis cinquante. Ils s'organisèrent, ils s'outillèrent, au prix de mille difficultés. Il est vrai qu'ils avaient des appuis un peu partout de par le monde. Des hommes qui pensaient comme eux, et qui étaient en position de les aider, et qui savaient se taire, et qui plus tard les rejoignirent, leur firent passer à peu près tout ce dont ils avaient besoin pour continuer leurs travaux scientifiques.

« Le seul dessein de ce groupe était alors de tout mettre en œuvre pour empêcher une guerre atomique. Mais ils ne purent pas y parvenir. Ils ne détenaient pas le pouvoir politique. Et c'est avec une rage impuissante, avec désespoir, qu'ils virent le fléau se déchaîner sur le monde.

« Ils étaient alors plus d'un millier, réunis ici même avec leurs familles. Des savants de toutes les disciplines, des techniciens, et aussi des artistes, des philosophes. En tout, près de cinq mille personnes qui étaient en train d'aménager, dans la montagne voisine, une ville souterraine assez semblable à celle où nous vivons, vous et moi, dans les Montagnes Rocheuses.

[…]

— Après la guerre atomique, les nôtres n'eurent qu'une pensée : sauver la civilisation et empêcher l'espèce humaine de retomber dans des folies meurtrières. Nos aïeux ont travaillé dur. Pendant un siècle, ils ont agrandi leur domaine souterrain, leurs laboratoires, leurs ateliers. Pour mieux se comprendre entre eux, ils ont créé une langue synthétique commode. Ils ont fait très vite des découvertes prodigieuses. Quand ils furent en mesure de s'isoler du reste du monde par un écran magnétique, d'abord plus restreint que celui d'aujourd'hui, ils sont sortis au grand jour et ont commencé à construire la ville que vous avez vue. Plus tard, quand ils furent très nombreux et disposèrent d'engins spatiaux, ils se sont installés aussi en d'autres points du globe, à Blany et Sirlo…

— Mais pourquoi n'avez-vous pas repris contact avec le reste de l'espèce humaine ?

— Oh si, nous avons repris contact ! Mais nous l'avons fait sans dire qui nous étions, car nous ne voulions pas courir le risque de voir nos efforts anéantis. Croyez-vous que l'espèce humaine se serait relevée aussi vite si des hommes venus de Roem n'étaient pas allés un peu partout, lorsqu'un semblant d'organisation reparut, et que nous eûmes nous-mêmes les moyens de nous déplacer rapidement, apporter leur aide et leurs connaissances ? C'est avec joie que nous avons vu renaître des villes, des industries. Mais quand les nations qui s'étaient formées se livrèrent à des guerres, nous y avons mis le holà de la façon que vous savez. Nous avons fait de même quand nous avons vu apparaître des installations atomiques.

— Mais pourquoi avez-vous interdit les constructions astronautiques ? Et pourquoi avez-vous prélevé des tributs ?

— L'apparition de vaisseaux de l'espace, et à un moment où l'espèce humaine n'était pas encore orientée nettement vers la paix, constituait pour nous un danger.

« N'oubliez pas qu'il y a huit cents millions d'habitants à la surface du globe, et que nous ne sommes actuellement, dans nos trois villes, que cent quarante mille en tout. Nous travaillons au bien de l'espèce humaine, mais nous voulons le faire en toute sécurité.

« Si les savants, animés par les mêmes pensées que nous, s'étaient groupés comme nous avant que ne fût fabriquée la première bombe, et étaient parvenus à empêcher les guerres et à faire régner la justice, c'eût été bien préférable, et ils n'auraient pas tardé à exercer leur action bienfaisante au grand jour. Est-ce notre faute s'il en a été autrement ?

« Quant aux tributs dont vous parlez, et qui n'ont pas empêché le sort des populations de s'améliorer, en grande partie grâce à nous, et dans un climat plus libre, je vous dirai un peu plus tard pourquoi nous y avons recours, et à quoi ils nous servent. Alors, vous comprendrez tout.

— Ce que je ne comprends pas encore, c'est pourquoi vous avez créé notre Organisation…

— Pour constituer une élite de gens qui finissent par nous ressembler, par avoir les mêmes aspirations que nous, le même désir d'aider l'espèce humaine à devenir meilleure, à vivre mieux, à accomplir de grandes choses, et qui puissent un jour travailler avec nous. Votre révolte contre les Sups nous enchantait. Votre ardeur au travail nous réchauffait. »

Un peu plus loin, les héros de l'histoire vont découvrir que les Sups ont développé des aliments synthétiques et maîtrisent l'antigravitation tout autant que les champs de force. Grâce aux tributs essentiellement constitués de matières premières, de métaux et d'alliages qu'ils ont prélevés depuis bientôt trois siècles auprès des Humains ordinaires, ils ont construit plusieurs vaisseaux spatiaux et installé une importante colonie sur Mars.

B.R. Bruss nous livre donc, à travers ce roman de science-fiction populaire de bonne facture, la vision certes idéaliste, mais néanmoins pertinente d'une « extrapolation » prospective de la mission que le Cercle des Neuf s'est donnée dès ses origines. Et en quelque sorte, après notre incursion rapide parmi les avatars occultistes, néo-ésotériques ou intertextuels, il nous ramène à l'essence même de nos Neuf Inconnus « canoniques ».

En guise de conclusion…

Le mot de la fin sera bref. Pour refermer ce que nous avons appelé à juste titre la « boucle autour des Neuf », nous citerons simplement la phrase sur laquelle Pauwels et Bergier terminent le sous-chapitre du *Matin des magiciens* consacré aux Neuf Inconnus : « Mythe ou réalité ? Mythe superbe, en tout cas, venu du fond des temps – et ressac du futur. »

Bordeaux, janvier 2015 – janvier 2016.

Jean-Michel ARCHAIMBAULT

Informations générales

Né à Bordeaux en 1958, études scientifiques et diplôme d'Ingénieur des Mines (1980), actif de 1982 à fin 2014 dans le secteur de la Propulsion pour Missiles Tactiques.

Marié le 26 juin 1982 à Hourtin avec Béatrice Roux.

Trois enfants de trente et un, vingt-huit et vingt-deux ans.

Domicilié à Bordeaux ou en pleine nature à Hourtin, sur la rive orientale du lac.

Passionné par la littérature d'imagination, notamment le fantastique et la science-fiction classique de préférence.

Trois langues pratiquées couramment (français, anglais, allemand).

Grand amateur de musique dans des genres variés, de Richard Wagner et l'opéra romantique à des formes actuelles comme par exemple le Hard Rock dit *Métal Symphonique*.

Personnage musical et légendaire préféré : le Hollandais Volant.

Membre de l'Académie Montesquieu de Bordeaux depuis le 11 octobre 2010.

Repères chronologiques et bibliographiques

Septembre 1966 : « naufrage » dans la science-fiction, la collection *Anticipation* des éditions *Fleuve Noir* et la version française de la série allemande *Perry Rhodan*.

1972 : le « choc » Lovecraft.

Août 1975 : premier aperçu du phénomène *Perry Rhodan* en version originale allemande.

1987-1988 : entrée dans le monde des amateurs francophones de littérature d'imagination via le mensuel *L'Annonce-Bouquins* et une série d'articles sur la version originale de *Perry Rhodan*.

1989 : entrée dans l'équipe rédactionnelle de *L'Année de la Fiction* chez *Encrage* ; début des contacts avec des fans allemands de *Perry Rhodan* et avec l'un des auteurs de la saga ; début dans l'écriture de nouvelles fantastiques.

Août 1991 : participation à la Convention Mondiale des 30 ans de *Perry Rhodan* à Karlsruhe.

1990 – 1996 : publications dans des revues amateurs en France, au Canada et en Allemagne (nouvelles de fantastique et de science-fiction, articles, mini-roman de science-fiction en allemand).

1997 : début de la collaboration avec les éditions *Fleuve Noir* pour *Perry Rhodan* (assistance à traductrice, corrections, traductions).

1999 : parution de *Perry Rhodan, Lecture des Textes* chez *Encrage* ; participation à la Convention *Perry Rhodan 2000* à Mayence ; conférence sur la version française de la série *Perry Rhodan*.

2000 : co-fondation de *Basis*, le premier club amateur francophone *Perry Rhodan*.

2002 : nomination officielle en tant que directeur de collection *Perry Rhodan* aux éditions *Fleuve Noir* et coordinateur de l'équipe de traduction.

Mai 2005 : conférence à la 6ᵉ *Convention Perry Rhodan* de Garching (Allemagne) sur la version française de la série *Perry Rhodan* ; publication d'une nouvelle dans le *Livre de la Convention Garching 6*.

Décembre 2005 : aux deuxièmes *Rencontres de l'Imaginaire de Sèvres*, animation du débat entre Richard Bessière et Roland C. Wagner, le premier et le dernier des auteurs de la collection *Anticipation* (2001 volumes parus entre 1951 et 1997).

2006 : entrée aux éditions *Rivière Blanche* avec la postface au roman de science-fiction inédit *La Couronne de Fer* d'André Caroff puis la première « suite de Maurice Limat » sur un scénario de Jean-Marc Lofficier, *Le Quatorzième Signe du Zodiaque*.

Décembre 2006 : conférence sur les 45 ans de la version francophone de *Perry Rhodan* aux *Rencontres de l'Imaginaire de Sèvres*.

2008 : chez *Rivière Blanche*, seconde « suite de Maurice Limat », *Là où s'ouvre l'Univers*, accompagnée de *Martervénux*, l'encyclopédie de l'univers futur inventé par Maurice Limat.

Mars 2008 : préface au *Club des Petites Filles Mortes* d'Anne Duguël (alias Gudule), premier de ses deux omnibus de romans fantastiques parus chez *Bragelonne*.

2009 : chez *Rivière Blanche*, troisième « suite de Maurice Limat », *Le Retour d'Hypnôs*, puis *Seentha* (quatrième et ultime version d'un *Space Opera* noir et pessimiste commencé en 1981) et *Stimulante Fiction* (nouvelle dans l'anthologie *L'Épopée de Cal de Ter*). Premier *Basis Hors Série* reprenant des nouvelles *Perry Rhodan* écrites depuis 1991.

2010 : second *Basis Hors Série* reprenant des nouvelles *Perry Rhodan* écrites ou traduites depuis 1991 ; en octobre, réception à l'Académie Montesquieu de Bordeaux.

Janvier – juillet 2011 : chez *Rivière Blanche*, nouvelles *Un Sphinx pour Marcahuasi* dans l'anthologie *Dimension Jimmy Guieu* de Richard D. Nolane puis *Les Cométaires d'Aurigalle* dans l'anthologie *De Capes et d'Esprits – tome 2* d'Éric Boissau.

Septembre-octobre 2011 : participation à la Convention Allemande du Cinquantenaire de la saga *Perry Rhodan*, à Mannheim ; table ronde sur les traductions étrangères de *Perry Rhodan*.

Décembre 2011 : parution du recueil fantastique *Requiem pour Âmes d'Ombre* (version largement révisée et retravaillée des nouvelles « introspectives » écrites durant l'été 1989 et de quatre textes ultérieurs) chez *Rivière Blanche*, avec une préface d'Anne Duguël.

2012 : *Basis Hors Série* rétrospectif consacré à la Convention Allemande *Perry Rhodan* de 1991.

Décembre 2012 : parution chez *Rivière Blanche* du roman de science-fiction humoristique *Pas de Pitié pour les Borloks*, suite originale à *Ne Touchez pas aux Borloks* de Richard Bessière (réédité dans le même volume). Aux neuvièmes *Rencontres de l'Imaginaire de Sèvres*, participation au débat sur l'écrivain Richard Bessière.

2013 : *Basis Hors Série* consacré au cycle « Les Maîtres Insulaires » de la saga *Perry Rhodan* ; parution dans *Wendigo 2* (éditions de *L'Œil du Sphinx*) de la traduction d'une longue nouvelle fantastique allemande écrite en 1929 par Willy Seidel, *La plus ancienne chose au monde*.

Novembre 2013 : parution aux éditions de *L'Œil du Sphinx* de la nouvelle *La Terre est vraiment ronde* dans l'anthologie *La Bibliothèque d'Atlantis – Nouvelles inédites d'un passé mystérieux* de Richard D. Nolane.

Décembre 2013 : parution chez *Rivière Blanche* de l'étude et anthologie *Interco, la Galaxie Humaine de J. et D. Le May* consacrée à l'« histoire du futur » tracée par cet auteur dans les années 60 et 70 sur fond de *Space Opera* et d'intrigues policières.

Novembre 2014 : parution chez *Rivière Blanche* de *Katorga*, réécriture modernisée et complétée du roman *N'accusez pas le ciel* de Richard Bessière paru en 1964.

Décembre 2014 : participation à la table ronde *Dix ans de Rivière Blanche* aux *Rencontres de l'Imaginaire de Sèvres*.

2015 : traduction du roman *Die Neun Unbekannten* de Clark Darlton pour les éditions de *L'Œil du Sphinx* (à paraître en 2016 sous le titre *Le Cercle des Neuf*), et rédaction d'une postface documentée sur la société secrète des *Neuf Inconnus*.

Mai 2015 : communication à l'Académie Montesquieu de Bordeaux, *Deux univers imaginaires de la science-fiction populaire française : le Martervénux de Maurice Limat et Interco de J. et D. Le May*.

2016 : publication en livre électronique du roman *Seentha* chez *L'Ivre Book* ; rédaction d'une préface au second des deux volumes *Dimension Skylark* à paraître aux éditions *Rivière Blanche* en 2017; participation à la Convention *Basis* des 50 ans de la version française de *Perry Rhodan*, les 14 et 15 mai, puis animation de la soirée commémorative de l'évènement lors de la 43ème Convention Française de Science-Fiction à Gradignan (33) fin août 2016.

POURQUOI ADHERER A L'ODS

En plus de rassembler toute une « faune de l'espace » passionnée de littératures de l'imaginaire, science-fiction, fantastique, fantasy, etc et tant de chercheurs érudits des univers de l'étrange, l'ODS est une association active qui organise ou coordonne de nombreux événements dans les domaines qui nous intéressent.

C'est un fait que l'activité de publication de fanzines qui était son expression principale à ses débuts a dû être transférée vers notre maison d'édition, EODS, faute de lecteurs assidus dans un secteur qui s'est peu à peu reporté vers le web. Certaines revues ont disparu, d'autres sont nées à cette occasion. Force est de nous adapter au potentiel du lectorat d'aujourd'hui, et nous voilà au XXIe siècle !

Toutefois, tout en nous adaptant, nous tenons, à l'ODS, à préserver cette convivialité qui fut toujours la première motivation de notre existence associative. C'est pourquoi nous poursuivons avant tout l'organisation de rencontres, conférences, congrès, dîners thématiques et autres missions scientifiques autour des thèmes qui nous sont chers. Participer à ces nombreuses activités, les organiser ou permettre à certains invités de venir y présenter leurs travaux, voilà aujourd'hui la vocation de l'ODS. Ainsi, tout au long de l'année, vous êtes conviés à nous rejoindre lors de dîners informels, comme celui du Nouvel Eon en janvier, et toutes sortes de rencontres à thèmes intitulées « on the spot », selon le calendrier de la venue d'auteurs en région parisienne, ainsi qu'à des colloques de haute teneur dont ceux organisés à Rennes-le-Château (ARTBS) ou à Paris comme le Congrès Fortéen, les journées Heuvelmans ou Jacques Bergier, etc, mais aussi à nous rendre visite sur les stands des nombreuses conventions auxquels nous participons.

L'organisation de ces événements et la participation de l'association à ceux organisés par d'autres sont aujourd'hui devenus notre activité principale, car c'est ce qui fait vivre notre univers littéraire et préserve ce caractère unique qui nous plaît. Si certains supports de lecture disparaissent petit à petit au profit de medias plus modernes – du fanzine au webzine, des listes de discussions aux réseaux sociaux, etc. – il reste que nous sommes tous attachés aux livres originaux au format papier, non seulement à l'objet que l'on peut aujourd'hui commander en trois clics, mais surtout à ce qui va autour, c'est-à-dire les rencontres, les discussions, le partage et les possibles collaborations qui s'improvisent au gré des initiatives de nos membres les plus passionnés et, bien entendu, au plaisir de lire !

La participation de chacun à cette fourmillante activité littéraire et autour de la littérature se coordonne le plus simplement possible par le moyen de notre association, et c'est la raison d'être de l'ODS. En y adhérant, et surtout en participant par votre présence et votre concours à ces rencontres, ainsi qu'à la naissance et la réalisation de nouveaux projets, vous nous aidez à prolonger la vie de notre multivers littéraire. Bienvenue à tous et merci pour votre présence !

Emmanuel Thibault, membre du Conseil de AODS

LES ÉDITIONS DE L'ŒIL DU SPHINX

SARL au capital de 15.245 €

R.C.S. Paris B 432 025 864 (2000 B11249)

36-42 rue de la Villette

75019 PARIS

FRANCE

Mail ods@oeildusphinx.com

http://www.œildusphinx.com

http:/boutique.œildusphinx.com

Tél 09.75.32.33.55

Fax 01.42.01.05.38

Toutes nos parutions sont sur :

http://boutique.oeildusphinx.com

www.ingramcontent.com/pod-product-compliance
Lightning Source LLC
Chambersburg PA
CBHW061246120726
48001CB00001B/164